Tanja Baum

Die Kunst, freundlich Konflikte zu lösen

REDLINE WIRTSCHAFT

Tanja Baum

Die Kunst, freundlich Konflikte zu lösen

Liebenswürdig und lösungsorientiert in Beruf und Alltag

REDLINE WIRTSCHAFT

Bibliografische Information der Deutschen Bibliothek

Die Deutsche Bibliothek verzeichnet diese Publikation in der Deutschen Nationalbibliografie.
Detaillierte bibliografische Daten sind im Internet über http://dnb.ddb.de abrufbar.

ISBN 3-636-01254-1

Unsere Web-Adresse:
http://www.redline-wirtschaft.de

Lektorat: Marit Borcherding, Göttingen
Umschlaggestaltung: INIT, Bielefeld
Umschlagabbildung: Getty Images
Satz: Jürgen Echter, Redline GmbH
Druck: Himmer, Augsburg
Printed in Germany

Inhaltsverzeichnis

Danke! 9

Vorwort 11

Teil 1 13

1. Wie die Mücke zum Elefanten wird 15

1.1 Die schnelle Eskalation 15
Fallbeispiel: Das Glas Wein 16
Bilder im Kopf 17
Ich habe Recht! 18
Ich bin das Opfer! 19
Die Rache 20
1.2 Wenn Konflikte verschleppt werden 21
Fallbeispiel: Das bittere Ende 21
Die Scheinwelt 23
Das Warnsignal 24
Die Wahrnehmung verändert sich 24
Konflikte lösen sich selten von allein 25
1.3 Veränderungen provozieren Konflikte 26
Der schnelle Wandel bleibt nicht ohne Folgen 26
Die Anforderungen steigen 28
1.4 Und wie lösen wir unsere Konflikte? Vorsicht Sackgasse! 28
Denkblockade 29
Wie stehen wir zu Konflikten? 30
Auf in den Kampf! 32
Nachgeben um des lieben Friedens willen 33
Wir haben keinen Konflikt! 34

2. Der Konflikt mit uns selbst 36

2.1 Wenn wir uns entscheiden müssen 36
Innere Spannungsfelder 37
Gewissenskonflikte 38

Alle Möglichkeiten sind erstrebenswert ... 38
Furcht vor falscher Entscheidung ... 39
Ich will nichts von all dem! ... 40
2.2 Innere Konflikte auflösen ... 40
Den inneren Konflikt erkennen ... 41
Probeentscheidung durchführen ... 42
Bewusst nach Alternativen suchen ... 43

3. Der Zweier-Konflikt ... 44

3.1 Unterschiede erschweren das Verständnis ... 44
Warum denken wir, was wir denken? ... 44
Grundeinstellungen nehmen Einfluss ... 46
Wie viel Zuwendung brauchen wir? ... 47
Wenn Unterschiede zu Intoleranz führen ... 48
3.2 Konfliktanlässe ... 49
Wenn die Meinungen auseinander gehen ... 49
Wenn Interessen und Ziele aufeinander prallen ... 51
Wenn der Weg zum Ziel nicht der gleiche ist ... 52
Wenn die Beziehung zu Konflikten führt ... 53
Wenn es Streit um die Verteilung gibt ... 55
Wenn Rollen sich widersprechen ... 56
Wenn Grenzen gezogen werden ... 57
3.3 Wie Konflikte eskalieren ... 61
Sache und Beziehung vermischen sich ... 62
Konflikte verlaufen in Stufen ... 62

4. Der Gruppenkonflikt ... 67

4.1 Konflikte in der Dreierbeziehung ... 67
Hauptmotiv Eifersucht ... 68
4.2 Konflikte in der Gruppe ... 68
Wenn die Gruppe Zuwachs bekommt ... 69
Wenn sich Grüppchen bilden ... 70
Wenn Gruppendruck entsteht ... 71
Wenn es zum Machtkampf kommt ... 72
Wenn wir uns miteinander vergleichen ... 74

4.3 Konflikte zwischen Gruppen 75
Abgrenzung nach außen 75
Wenn Gruppen zusammenarbeiten 76
Die doppelte Mitgliedschaft 78
4.4 Konfliktlösung durch Moderation 78
Erster Schritt: Inhalt und Sichtweisen 80
Zweiter Schritt: Entwicklung und aktueller Stand 83
Dritter Schritt: Beteiligte und Beziehungen 86
Vierter Schritt: Bereitschaft zur Lösung 87

5. Strategien für eine freundliche Konfliktlösung 91

5.1 Die Ursache hinterfragen 91
Das unerfüllte Bedürfnis 91
Hinterfragen lohnt sich 94
5.2 Wenn Bedürfnisse nicht erfüllt sind, kommen die Emotionen 95
Mit Angriffen gekonnt umgehen: Die Deeskalationsstrategie 98
Respektvolle Sprache 100
5.3 Umgang mit den eigenen Bedürfnisse und Gefühlen 102
Was will ich mit meinem Verhalten erreichen? 104
Mensch ärgere Dich weniger 105
Ängste abbauen 110

Teil 2 115

Unterschiedliche Konfliktfälle 117

6. Konflikte mit Kollegen 118

6.1 Die Sympathie fehlt 118
6.2 Die ungerechte Behandlung 123
6.3 Keine Einigung in Sicht 126

7. Konflikte mit Mitarbeitern 133

7.1 Die anstehende Veränderung 133
7.2 Die Grundeinstellung ist verschieden 136

8. Konflikte mit Vorgesetzten 144

8.1 Konflikte sind nicht erwünscht 144
8.2 Die Interessen sind unterschiedlich 148
8.3 Zwei Generationen gemeinsam in einem Betrieb 152

9. Konflikte mit Kunden 158

9.1 Die schriftliche Beschwerde 158
9.2 Der Wunsch des Kunden ist nicht erfüllbar 163
9.3 Der Kunde will sich nicht an die Regeln halten 167

10. Konflikte im privaten Umfeld 172

10.1 Konflikt mit den Nachbarn 172
10.2 Mein Partner hat ganz andere Interessen 176
10.3 Meine Erwartungen werden nicht erfüllt 180

11. Konflikte mit mir selbst 184

11.1 Ich kann mich nicht entscheiden 184
11.2 Ich finde keine Lösung 188

12. Das Trainingsprogramm: Freundlich Konflikte lösen lernen 193

12.1 Aufbau des Trainingprogramms 194
12.2 Die erste Woche 196
12.3 Die zweite Woche 203
12.4 Die dritte Woche 205
12.5 Die vierte Woche 209
12.6 Sich selbst motivieren 209

Danke!

Ein Buch zu schreiben – und dabei auf meinem Stuhl sitzen zu bleiben – ist doch immer wieder eine große Herausforderung für mich. Ohne die Hilfe und Unterstützung lieber Menschen würde ich jetzt wohl immer noch auf diesem Stuhl sitzen.

Ich möchte mich ganz herzlich bei all denen bedanken, die mir geholfen haben, diese Herausforderung anzunehmen.

Meiner Schwester Sigrid Baum – Danke für Deine große Hilfe, das Buch fertigzustellen.

Meinem lieben Team – Danke Vera für Deine tolle Leistung, mit mir immer wieder von vorne anzufangen. Danke Cerstin, für Deine Bereitschaft immer dann zu helfen, wenn es nötig war. Und Danke an Ilse, Julia, Nicole und Birgit für Euer Verständnis, dass ich mich in der letzten Zeit etwas rar gemacht habe.

Meiner lieben Familie – Danke, dass Ihr mir den nötigen Freiraum gegeben habt, das Buch zu schreiben, ohne ein schlechtes Gewissen Euch gegenüber zu haben.

Eure Tanja

Vorwort

Konflikte hat jeder – aber niemand wünscht sie sich. Warum? Weil Konflikte uns stören. Sie beeinträchtigen unseren Alltag, fordern Auseinandersetzung mit Dingen und Menschen, mit denen wir uns gerade nicht beschäftigen wollen. Wir verspüren Ärger, Wut, Hilflosigkeit und Verletzung und finden oftmals keine Möglichkeit, den Konflikt freundlich zu beenden.

Konflikte begegnen uns überall: In uns selbst, in unserem Zuhause, in unserer Familie, beim Einkaufen, bei unserer Arbeit. Manche dauern nur kurz, andere ziehen sich über Wochen und Monate hin. Es gibt Konflikte, die begleiten uns ein Leben lang, weil sie in uns selbst begründet sind. Immer wieder holen sie uns in bestimmten Situationen ein. Und wir stehen immer wieder vor der Frage: Wie gehe ich mit diesem Konflikt jetzt am besten um?

Darauf gebe ich Ihnen in diesem Buch Antworten. Sie lernen den Weg der freundlichen Konfliktlösung kennen. Denn ich bin mir sicher, dass nur auf eine freundliche Art und Weise Konflikte für alle Beteiligten langfristig erfolgreich zu lösen sind.

Teil 1

1 Wie die Mücke zum Elefanten wird

Es fing alles harmlos an. In einem Supermarkt um die Ecke trafen wir aufeinander: Die Verkäuferin an der Käsetheke und ich. Sie hatte keinen Raclettekäse mehr.

Das war alles.

Doch ich hatte keine Zeit. Die Gäste wollten gleich kommen. Und ich stand noch immer an der Theke ohne meinen Raclettekäse. Dabei sollte es den doch zum Essen geben. Ich war ärgerlich und wollte das, was es nicht gab.

Das war alles.

Die Verkäuferin bot mir keine Alternative. Sie interessierte sich auch nicht für mein Problem. Sie hatte noch andere Kunden zu bedienen.

Das war alles.

Ich machte Druck. Ich wurde lauter. Ich rief nach dem Marktleiter.

Das war alles.

Der hatte auch keinen Raclettekäse – und keine Idee. Heute gehe ich nicht mehr in den Supermarkt.

Das ist alles.

Manchmal haben kleine Konflikte große Auswirkungen, wenn wir nichts dagegen unternehmen. Dann haben wir es plötzlich mit einem heftigen Konflikt zu tun, dessen negative Folgen wir noch länger spüren.

1.1 Die schnelle Eskalation

In manche Konfliktsituationen geraten wir so schnell, dass wir nicht zum Nachdenken kommen. Eins, zwei, drei – und schon sind wir mitten in der schönsten Streiterei. Vor allem Menschen, die unmittelbar emotional reagieren, sehen sich immer wieder in kurze und heftige Konflikte verwickelt. Die Gefahr ist besonders groß, wenn sie auf eine ähnlich reagierende Person treffen. Wenn zwischen diesen beiden die

Meinungen oder Erwartungen aufeinanderprallen, kann die Situation leicht eskalieren.

Fallbeispiel: Das Glas Wein

Ich bin zu einer großen Familienfeier eingeladen. Die Kellnerin bringt uns Wein. Ich nehme einen Schluck und verziehe das Gesicht. Puh – das riecht nach Essig! Zur Kontrolle probiere ich aus dem Glas meines Partners. Einwandfrei! Ich frage die Kellnerin nach einem frischen Glas Wein. Statt der Kellnerin mit neuem Glas kommt die Besitzerin des Lokals. „Sie haben sich über den Wein beschwert?" „Nein, ich wollte nur ein neues Glas, das alte roch so komisch nach…". „Das kann nicht sein", fällt mir die Besitzerin verstimmt ins Wort, „wir haben heute morgen alle Gläser gespült!" „Ja, das glaube ich Ihnen, aber…" Wieder werde ich unterbrochen und bekomme eine unfreiwillige Unterweisung in Sachen Weingeruch. Jetzt reicht es mir: „Warum hören Sie mir nicht zu? Nicht der Wein – das Glas roch nach Essig! Wollen Sie mit mir jetzt darüber diskutieren?" Nun habe ich einen Treffer gelandet. Die Besitzerin lässt sich nicht lange bitten und kontert mit: „Da haben Sie wohl eine übermäßig empfindliche Nase!" und verlässt den Tisch.

Das Gespräch bleibt nicht ohne Folgen. Der Vorfall ist Tischgespräch des Abends und vergiftet meine Laune. Seltsamerweise wird unser Tisch für den gesamten Abend immer als letzter bedient.

Aus meiner Sicht bin ich völlig schuldlos an der Entwicklung des Konflikts. Ich finde das Verhalten der Besitzerin unmöglich und sehe mich als armes, schlecht behandeltes Opfer ihrer Sturheit und Arroganz. Ich ärgere mich! Und das behalte ich natürlich nicht für mich. Alle Gäste am Tisch müssen mir zuhören, während ich mein Leid klage. Einige stecke ich mit meiner Sichtweise an. Auch sie finden jetzt so manches, das ihnen an diesem Lokal nicht gefällt.

Und die Besitzerin? Die fühlt sich bestimmt genauso schuldlos wie ich. In der Küche wird sie ihre Sicht den Mitarbeitern schildern: „Was für ein arroganter Gast – mal wieder keine Ahnung von Wein, aber sich beschweren! Die Frau wollte mir einfach nicht zuhören und einsehen, dass dieser Wein halt so riecht. Ich habe mir den Mund fusselig geredet. Da ist sie auch noch pampig geworden."

Aus der Mücke ‚schlechter Geruch im Glas' wird der Elefant ‚verdorbener Abend'. Wer hier die Schuld am Konflikt trägt, wird jeder anders sehen, zudem ist es ohne Bedeutung. Wir – die Besitzerin des Lokals und ich – haben beide verloren. Ich, weil meine Laune getrübt ist und die Besitzerin, weil sie schlechte Kritik von ihren Gästen bekommt. Gleichzeitig haben wir noch einigen anderen zur schlechten Stimmung verholfen: den Kellnern des Lokals und den Gästen an meinem Tisch. Alle sind wir jetzt sensibilisiert, Fehler bei den jeweilig anderen zu suchen: langsame Bedienung, arrogante Gäste, Kellner können sich die Bestellungen nicht merken, diese Gäste sind ungeduldig und unverschämt. Jeder findet plötzlich neue Gründe, um sich weiter zu ärgern.

Dieses Beispiel gehört zu den kleineren Konflikten des Alltags. Kurz und heftig, aber ohne weitere Bedeutung. Und trotzdem hat diese Konfliktsituation mir zu schaffen gemacht. Es war mir nicht gelungen, diesen Konflikt zu entschärfen, zu verhindern oder wenigstens den Abend danach genießen zu können. Wenn sich schon diese kleinen Alltagskonflikte so schnell entzünden, wie gehen wir dann erst mit den größeren und für uns bedeutsameren Konflikten um? Was hat dazu geführt, dass die kleine Verstimmung mit dem Weinglas so eskalierte?

Bilder im Kopf

Am Anfang steht das Missverstehen. Dieses Missverstehen baut oftmals auf Fehlinformationen auf, die wir nicht hinterfragen. Aufgrund dieser fehlerhaften Informationen nehmen wir die Situation nicht so wahr, wie sie wirklich ist. So entstehen falsche Bilder in unserem Kopf über das, was der andere gerade denkt, wie er ist und warum er so handelt.

Auch in diesem Beispiel gibt es ein Missverständnis. Die Besitzerin des Lokals hat von ihrer Kellnerin gehört, dass ich mich über den Wein beschwert habe – obwohl ich nur ein frisches Glas wollte. Diese falsche

Information genügt. Schon vor unserem Gespräch macht sich die Besitzerin ein Bild über mich und mein Verhalten und bewertet es: Ein Gast ohne Weinkenntnis beschwert sich ungerechtfertigt. Das Ergebnis ihres Urteils sorgt für negative Gefühle, sie ärgert sich und reagiert mit einem direkten Angriff: „Sie haben sich über den Wein beschwert?“ Ihre Stimme kann ihren Zorn kaum verbergen. Mein Einwand: „Nein, ich wollte nur ein neues Glas, das alte roch so komisch…“, bewertet sie wiederum als unberechtigte Kritik und als fehlerhaften Wissensstand meinerseits. Es verstärkt das bereits gemachte Bild von mir.

Ich habe Recht!

Bei Konflikten prallen immer einige nicht zu vereinbarende Dinge aufeinander: Ziele, Wünsche, Erwartungen. Wenn dazu noch negative Gefühle kommen, ist der Konflikt perfekt. In diesem Fall sind es die unterschiedlichen Erwartungen und Meinungen von der Besitzerin des Lokals und von mir.

Was nun kommt, ist bei Konflikten durchaus üblich. Wir versuchen, den anderen von unserer Meinung zu überzeugen. Lässt er dies nicht zu, dann empfinden wir unseren Konfliktpartner als stur und uneinsichtig. Bilder, die in unserem Kopf entstanden sind, Urteile, die wir über das Verhalten des anderen treffen, betrachten wir als Realität, nicht als Vermutung. Es ist schwierig, Fakten und Vermutungen voneinander zu trennen. Schnell wird eine Vermutung zur Gewissheit. Daher haben wir in Konfliktsituationen mit anderen immer das Gefühl, im Recht zu sein. Der andere verhält sich – so unsere Meinung – dagegen völlig falsch.

In diesem Beispiel muss mich die Besitzerin unterbrechen, um mir zu beweisen, dass ich im Unrecht bin. Mit ihren Erklärungen über Wein und Weingeruch will sie mich von ihrer Meinung überzeugen. Dummerweise sehe ich es genau anders. Auch ich bin der Ansicht, Recht zu haben und kann überhaupt nicht verstehen, warum sie das nicht akzeptieren will!

Bei Konflikten neigen wir dazu, alles aus unserer Sicht zu sehen. Wir sind völlig auf uns und unsere Gefühle fixiert. Wir verschwenden keinen Gedanken daran, was in dem anderen vorgeht.

Ich bin das Opfer!

Die Ursache eines Konfliktes liegt immer in uns selbst. Konflikte entstehen, wenn ein Bedürfnis nicht befriedigt wird. Weder die Besitzerin des Lokals noch ich fühlen uns vom jeweils anderen mit Respekt oder Wertschätzung behandelt. Diese Nichterfüllung verursacht negative Emotionen. In diesem Fall Ärger, Wut und Verletzung.

Das Urteil der Restaurantbesitzerin über mich – ungerechtfertigte Kritik und keine Ahnung von Wein – verletzt mich. Auch in meinem Kopf entstehen nun Bilder und Bewertungen: Sie will dich nicht aussprechen lassen; sie fährt dir über den Mund; das musst du dir nicht bieten lassen; diese Person benimmt sich ja völlig unmöglich! Ich verurteile das Verhalten meines Gegenübers gleichermaßen und auch bei mir stellt sich Ärger und Wut ein. Ich fühle mich als Opfer ihres Verhaltens. Sofort gehe ich in die Verteidigung und klage an: „Warum hören Sie mir nicht zu?“ Und lege nach mit einer Provokation: „Wollen Sie mit mir jetzt darüber diskutieren?“

Jetzt eskaliert unser kleiner Konflikt. Auslöser ist das Gefühl, ein Opfer zu sein. Wer sich als Opfer fühlt, kann sich nicht mehr frei entscheiden, wie er sich verhalten will. Als Opfer fühlt man sich verletzt, nicht ernst genommen und ausgeliefert. In einem solchen Fall bleiben nur noch Verteidigung oder Flucht. Eine Verteidigung baut immer nur auf dem vermeintlichen Angriff des anderen auf (wobei, wie in diesem Beispiel, der vermeintliche Angriff auch Verteidigung sein kann). Damit lässt sich der ausbrechende Konflikt nicht stoppen. Wer sich verteidigt, spielt das gleiche Spiel passiv mit. Der Konflikt droht zu eskalieren.

Opfer zu sein hat aber auch eine verführerische Seite. Nach dem Konflikt stehe ich als Opfer moralisch besser da. Als Opfer habe ich scheinbar das Recht, mich zu verteidigen. Wenn ich als Opfer – gezwungenermaßen – überreagiere, dann ist das verständlich. Als Opfer kann ich schimpfen, laut werden, beleidigen – ich habe ja das Recht dazu, weil ich angegriffen werde. Auch ich fühlte mich in diesem Fall dazu berechtigt, meinen Emotionen freien Lauf zu lassen. Nur konnte ich damit den Konfliktverlauf nicht ändern – und den Abend leider auch nicht!

Die Rache

Da es sich um eine Familienfeier handelt, kann ich nicht einfach aufstehen und gehen. Ich fühle mich gezwungen, in diesem Lokal zu bleiben. Also geht der Konflikt in die nächste Runde. Der Rachefeldzug hat begonnen. Ich rede schlecht über das Lokal, die Kellner bedienen unseren Tisch immer zuletzt.

Dies ist typisch für zwischenmenschliche Konflikte. Es drängt uns, über unseren Ärger, über unsere Wut zu sprechen und uns damit auch ein bisschen am anderen zu rächen. Aber leider tritt der erhoffte Effekt der Erleichterung nicht ein. Indem wir wieder und wieder über das Erlebte nachdenken und reden, rufen wir immer wieder die negativen Emotionen hervor. Auf diese Weise bleiben wir länger wütend, dauert unser Ärger länger an. Auch mir geht es so: Jedes Mal, wenn ich davon erzähle, rege ich mich erneut auf. Würde mir das ‚darüber sprechen' wirklich helfen meinen Ärger zu verdauen, müsste ich es ja nur einmal weitererzählen ... Und nicht nur das. Indem ich darüber spreche, verbreite ich meine negativen Gefühle und Gedanken. Natürlich geht mein Gerede an den anderen nicht spurlos vorbei. Schlechte Stimmung steckt halt an. Das Gleiche gilt für meine Kontrahentin. Auch sie schafft es, ihre Mitarbeiter in unseren Konflikt hineinzuziehen und damit den Ärger noch zu verlängern.

Sicher fragen Sie sich jetzt, wie in diesem Beispiel eine freundliche Konfliktlösung ausgesehen hätte. Im Kapitel 5 gehe ich ausführlich auf verschiedene Lösungsstrategien ein. Wenn Sie nicht mehr solange auf die Auflösung warten wollen, empfehle ich Ihnen passend zu diesem Beispiel im Kapitel 5.2 den Abschnitt „Mit Angriffen gekonnt umgehen – die Deeskalationsstrategie" zu lesen. Hier erfahren Sie, wie sowohl die Wirtin als auch ich den Konflikt hätten freundlich lösen können.

Ein solcher Konflikt verdirbt uns in der Regel nur den Abend.

Ganz anders sieht es bei Konflikten aus, die wir länger mit uns herumtragen. Die Einfluss nehmen auf unser weiteres Leben, dank derer wir unsere Ziele nicht erreichen, die uns ohne Auflösung großen Schaden zufügen.

1.2 Wenn Konflikte verschleppt werden

Nicht jeder Konflikt eskaliert so schnell wie in dem vorherigen Beispiel. In vielen Konfliktsituationen, gerade auch im Berufsleben, halten wir unsere Meinung, Wünsche und Erwartungen zurück. Dies kann unterschiedliche Gründe haben. Vielleicht sind wir besonders daran interessiert den Frieden zu bewahren, haben Angst vor dem Verlust von Sympathie, fürchten negative Konsequenzen. Es kann sehr sinnvoll sein, sich bei einem anbahnenden Konflikt zurückzuhalten, um nicht gleich aus dem Bauch heraus zu sprechen und zu handeln. So gewinnen wir Zeit, um nachzudenken und eine geeignete Vorgehensweise zu finden.

Gefährlich ist es jedoch, einen Konflikt zu verschleppen und darauf zu hoffen, dass er sich irgendwie von selbst in Luft auflöst. Diese Vogel-Strauß-Taktik funktioniert nicht.

Fallbeispiel: Das bittere Ende

Hoch motiviert freut sich Claudia auf ihren ersten Tag in der neuen Firma. Doch dieser erste Arbeitstag beginnt so ganz anders, als Claudia es sich vorgestellt hat. Ihr neuer Chef teilt ihr mit, dass sie anstelle der vereinbarten Einarbeitungszeit direkt ein neues Projekt leiten könne. Natürlich stehe man ihr zur Seite und nächsten Monat schon würde ein anderer Mitarbeiter das Projekt übernehmen. Ob sie sich das zutrauen würde?

Claudia ist es flau im Magen, aber sie sagt ja. Sie hat Angst, dass man ihr in der Probezeit kündigt, wenn sie sich nicht belastbar zeigt. So stürzt sie sich in die Arbeit, macht Überstunden und versucht, mit den teils heftigen Problemen gut umzugehen. Zwischendurch fragt der Chef nach, wie sie mit dem Projekt vorankäme und ob sie mehr Hilfe benötige. „Nein", sagt Claudia dann, „ich komme gut zurecht, das Projekt ist nicht einfach, aber ich schaffe das." Kein Wort erzählt sie ihm oder den anderen Kollegen von ihren Ängsten, ihrem Stress und ihrer ständigen Überforderung. Die Angst, nicht anerkannt zu werden und die Stelle zu verlieren, sitzt ihr zu sehr im Nacken. Die Ergebnisse des Projekts stimmen, der Chef ist zufrieden.

Nach zwei Wochen kommt die Nachricht, dass der andere Mitarbeiter ihr Projekt nicht wie versprochen übernehmen kann. Ob sie das Projekt auch allein zu Ende führen könne? Claudia sagte wieder: „Ja, natürlich." Ihren Ärger über das nicht eingehaltene Versprechen lässt sie sich nicht anmerken. Nach zwei Monaten ist das Projekt erfolgreich beendet und alle sind hoch zufrieden mit Claudias Leistung. Nur Claudia ist unzufrieden. Sie fühlt sich ins kalte Wasser geworfen, überfordert und ausgenutzt.

Mit zwei Monaten Verspätung beginnt nun Claudias eigentliche Einarbeitung. Doch auch in dieser Zeit ändern sich ihre Gefühle nicht. Sie vermisst die Vertrautheit mit den Kollegen aus der alten Firma. Die Situation spitzt sich weiter zu. Alles was im Unternehmen nicht gut läuft, bezieht sie auf sich. Vergisst ein Kollege ihr etwas mitzuteilen, will er sie bewusst außen vor lassen. Gibt ihr die Kollegin nichts von ihrer Arbeit ab, so traut sie ihr nichts zu. Vom Chef bekommt sie kein Feedback, weil er ihre Arbeit nicht schätzt.

Irgendwann kracht es. Nachdem sie wieder einmal eine Information nicht erhalten hat, schreit sie die Kollegin an. Diese reagiert völlig verblüfft. Am nächsten Tag entschuldigt sich Claudia eiligst und schiebt private Probleme vor. Ihr Ausbruch ist ihr sehr peinlich und steigert ihre

Angst, nicht in das Unternehmen zu passen und den Job wieder zu verlieren. Claudia nimmt sich vor, sich mehr zusammenzureißen. Doch das Gefühl, nicht wertgeschätzt zu werden, wächst.

Der Chef ist schlecht gelaunt und gibt Claudia ruppig eine Anweisung. Noch einmal schluckt sie ihre Wut darüber hinunter. Am nächsten Tag kündigt sie ihren Vertrag. Ihr Chef und ihre Kollegen fallen aus allen Wolken. Ausgerechnet Claudia, die doch so gut ins Team passt, will gehen. Keiner hat bemerkt, wie unzufrieden sie war. Man versucht mit Gesprächen, die Situation zu klären, doch Claudia will nicht mehr reden.

Jetzt ist genau das eingetroffen, wovor sich Claudia am meisten gefürchtet hat: der Verlust ihrer neuen Arbeitsstelle. Mit dem Unterschied, dass niemand sie entlassen hat, sondern sie selbst kündigt. Ihr innerer Druck, ihre negativen Gefühle sind so groß geworden, dass sie am Ende keinen anderen Ausweg mehr sieht. Wie konnte es soweit kommen? Was ist passiert, dass Claudia genau das verlor, was sie nicht verlieren wollte?

Die Scheinwelt

In Claudia kollidieren zwei Dinge: das Bedürfnis nach einer festen Arbeitsstelle und das Bedürfnis nach persönlicher Wertschätzung. Die Freude über die neue Stelle wird bereits am ersten Tag getrübt, da die bei ihrer Einstellung gemachten Zusagen nicht eingehalten werden. Sie empfindet das Verhalten ihres neuen Chefs als nicht korrekt. Da sie aber ihre neue Stelle nicht gefährden will, unterlässt sie es, mit ihm über ihre Erwartungen und Zweifel zu sprechen. In diese Falle tappt sie danach immer wieder. Ihr gelingt es in keiner Situation, sich mit ihrem Chef oder ihren Kollegen über die auftretenden Probleme und Enttäuschungen auszutauschen. Jedes Mal gewinnt die Furcht vor einem offenen Konflikt, der sie ihre Stelle kosten könnte. Gedanken wie „Vielleicht habe ja nur ich die Probleme, die anderen kommen doch auch gut im Unternehmen zurecht, es liegt wohl an mir“ sorgen zusätzlich dafür, dass sie nichts von ihren Befürchtungen nach außen dringen lässt. Dahinter steht die generelle Angst vor Konflikten. Wer bei offenen Aussprachen immer den kurzfristigen Verlust von Harmonie befürchtet, wird immer versuchen, seine Konflikte zu verdecken oder gar zu verdrängen.

So baut Claudia eine Scheinwelt auf. Weil sie alle ihre Erwartungen und Bedürfnisse für sich behält, merkt keiner im Unternehmen, dass Claudia enttäuscht und unzufrieden ist. Nach außen gibt sie sich freundlich und offen, doch spricht sie nie über die Dinge, die sie wirklich stören und die dringend einer Lösung bedürfen. Auf diese Weise wächst der Druck in ihr stetig an. Claudia muss immer mehr Energie darauf verwenden, so zu tun, als sei alles in Ordnung.

Das Warnsignal

Irgendwann ist dieser Druck so groß, dass die Scheinwelt einen Riss erhält. Claudia lässt ihren Ärger gegenüber ihrer Kollegin ungefiltert heraus, als sie von dieser eine Information nicht bekommen hat. Durch ständige Frustration nimmt die Ausschüttung von Stresshormonen zu. Die Folge sind Denkblockaden im Gehirn, damit der Körper schneller – ohne denken zu müssen – reagieren kann. Der Körper bereitet sich auf Kampf oder Flucht vor.

Hier wird die Selbstbeherrschung von Claudia von ihren Stresshormonen außer Kraft gesetzt. Ihre Energie reicht nicht mehr aus, die Scheinwelt aufrechtzuerhalten. Claudia schreit ihre Kollegin an. Dieser Ausbruch ist ein Warnsignal dafür, dass Claudias Energien langsam verbraucht sind. Spätestens jetzt wäre es an der Zeit, ihren Konflikt offen anzusprechen. Doch sie lässt die Chance verstreichen. Sobald die Stresshormone wieder abgebaut sind, gewinnt die Angst vor Verlust wieder die Oberhand. Claudia entschuldigt sich bei der Kollegin und schiebt andere Gründe vor. Ihre Scheinwelt bleibt erhalten.

Die Wahrnehmung verändert sich

Das Verhalten ihres Chefs enttäuscht Claudias Erwartungen besonders. Ihr Bedürfnis nach Wertschätzung wird gleich zu Beginn nicht erfüllt.

Dieses Erlebnis verändert ihre Wahrnehmung. So entsteht ihr Bild von dem Vorgesetzten und dem gesamten Unternehmen: Sie sieht ein Unternehmen, das Zusagen nicht einhält und sie rücksichtslos überfordert.

Von diesem Moment an registriert sie vor allem das, was dieses Bild bestätigt. Ihre selektive Wahrnehmung lässt den Konflikt anwachsen. Am Ende ist Claudia so sensibilisiert, dass sie das Verhalten eines jeden Kollegen unter diesem Vorzeichen sieht. Ihr Urteil ist eindeutig: Niemand in diesem Unternehmen schätzt sie und ihre Arbeit. Diese Wahrnehmung wird für sie zur sicheren Realität. Da hilft es auch nichts, dass Claudia allen Anforderungen ihrer neuen Arbeit vollauf gerecht wird. Ihr Erfolg, sogar das Lob, das sie erhält, wird durch ihre Brille kaum wahrgenommen, fast sogar verdrängt.

Vor allem bei länger andauernden Konflikten kann sich unsere Wahrnehmung so stark auf eine Sache konzentrieren, dass alles nur noch aus einem Blickwinkel gesehen und beurteilt wird. So wird plötzlich aus einem Lächeln ein hämisches Grinsen oder aus höflichem Verhalten betonte Distanz.

Konflikte lösen sich selten von allein

Meistens gehen wir in Konfliktfällen davon aus, der andere müsse doch irgendwie merken, dass wir unzufrieden sind. Wir erhoffen uns vom anderen die Sensibilität, unsere Befindlichkeiten wahrzunehmen. Wir sind beleidigt, wenn wir unsere Erwartungen, Wünsche und Gefühle darlegen müssen, weil der andere nicht selbst darauf gekommen ist. Doch leider entstehen immer wieder Probleme, wenn wir von anderen erwarten, sie könnten uns von der Nase ablesen, was uns fehlt. Gerade in Partnerschaften ist dies eine häufige Konfliktquelle.

Auch Claudia hofft, dass sich alles von alleine zum Guten fügen wird. Ihre Scheu, den Konflikt aufzudecken, ihn offen anzusprechen, ist zu groß, um selbst aktiv zu werden. Doch wie sollen die anderen darauf kommen? Wenn niemand weiß, was Claudia wichtig ist, was sie braucht, um sich wirklich wohl zu fühlen, wie sollen dann die anderen ihren Erwartungen gerecht werden können?

Als dann der Konflikt ausbricht, wundern sich alle, wo aus heiterem Himmel und ohne jede Andeutung plötzlich so viel Wut herkommt. Nach dem ersten Schreck und den Schuldgefühlen, nichts bemerkt zu haben, stellt sich schnell auch Unverständnis ein. Dann kommt die berechtigte Frage: Warum hast du denn nicht schon früher etwas gesagt? Man hätte doch etwas ändern können.

Es ist immer leichter eine Lösung zu finden, wenn der Konflikt noch nicht so lange besteht. Wenn er sich erst einmal über längere Zeit unausgesprochen hinzieht, wachsen auch die negativen Gefühle immer mehr an. Natürlich ist es auch in einem späteren Stadium noch möglich, Konflikte freundlich zu lösen, aber es wird deutlich schwieriger.

An dieser Stelle möchte ich wieder auf ein späteres Kapitel hinweisen, in dem Lösungswege für dieses Beispiel beschrieben sind. In Kapitel 5.3 im Abschnitt „Ängste abbauen" steht, wie Claudia ihre Angst vor dem offenen Konflikt bewältigen kann.

1.3 Veränderungen provozieren Konflikte

Claudias Konflikt basiert unter anderem auf einer Veränderung: Der Wechsel in ein anderes Unternehmen, die dadurch veränderten Rahmenbedingungen, die sich ständig ändernden Anforderungen provozieren den Konflikt.

Veränderungen sind ohne Spannungen nicht zu haben. Sie entstehen in uns selbst, da wir entweder zwischen neu und alt oder zwischen verschiedenen Möglichkeiten entscheiden müssen. Halten wir diese Möglichkeiten für unvereinbar und fühlen wir uns zwischen ihnen hin und her gerissen, dann erleben wir einen Konflikt.

Schneller Wandel bleibt nicht ohne Folgen

Doch nicht nur in uns selbst tobt die Auseinandersetzung zwischen Neuem und Bekanntem. Unser gesamtes Umfeld ist mit diesem Spannungsverhältnis beschäftigt. Die Zeit ist geprägt von schnellen Veränderungen. Was heute neu und modern ist, wird morgen schon wieder überholt sein. Und dies bezieht sich nicht nur auf die Weiterentwicklung im technischen Bereich. In den Unternehmen ändern sich täglich Prozesse, werden neue Projekte aufgesetzt oder Richtlinien umgeschrieben. Auch im normalen Alltagsleben wandeln sich die Dinge schnell: Wo wir gestern noch eingekauft haben, ist heute kein Geschäft mehr. Und erinnern Sie sich noch an die Zeit, als wir in Telefonzellen telefoniert haben? Mir zumindest erscheint es so, als wäre es noch gar nicht so lange her, dass sie in jeder Stadt und auf jedem Platz zu finden waren.

Innerhalb von wenigen Jahren haben sich unsere Formen und Wege der Kommunikation stark verändert. Nachdem das Internet in alle Firmen und die meisten Haushalte eingezogen ist, erhalten wir Informationen wesentlich schneller. Durch E-Mail und Handy können wir überall und zu jeder Zeit mit anderen kommunizieren und Informationen so schnell wie nie austauschen. Heute frage ich mich, wie ich meine Arbeit früher (das heißt vor ein paar Jahren!) ohne diese mittlerweile alltäglichen Hilfen bewältigt habe.

Auch unsere Einstellungen sind dem schnellen Wandel unterworfen. War es vor einigen Jahren noch üblich, überall zu rauchen, so schränken wir diese Möglichkeit heute massiv ein. Neue Begriffe prägen unsere Einstellungen. Worte wie Kundenorientierung, Freundlichkeit, Serviceorientierung und interner Kunde haben Einzug in die Unternehmen gehalten, verändern unsere Ziele, unser Denken und Verhalten. Da sich unsere Einstellung, Denken und Verhalten jedoch deutlich langsamer wandeln als die Technik, prallen hier immer wieder unsere Einstellungen von gestern mit den Anforderungen von heute aufeinander.

All dies führt dazu, dass jeder gefordert ist, sich immer wieder mit Neuerungen auseinanderzusetzen und sich zurechtzufinden. Das Stichwort heißt lebenslanges Lernen. Wir können uns nicht mehr auf unseren Erfahrungen ausruhen. Was gestern richtig war, steht heute auf dem Prüfstand. Gefragt ist ständiges und schnelles Lernen, Anpassung und Weiterentwicklung.

Die Anforderungen steigen

Dies bedeutet für Mitarbeiter in Unternehmen häufig auch, dem verstärkten Druck standzuhalten. Die Anforderung, immer wieder Neues zu lernen, sich wieder und wieder an neue Gegebenheiten anzupassen, macht das Arbeiten spannend und vielseitig. Auf der anderen Seite bleiben wenig Ruhepausen. Wer als Mitarbeiter Schwierigkeiten hat, sich schnell auf Veränderungen einzustellen, dem fällt es heute deutlich schwerer, den Anforderungen des Berufsalltags gerecht zu werden.

Gerade in Unternehmen sind alle Beteiligten ständig gefordert, auch mit dem Schwächen des schnellen Wandels umzugehen wie:

- nicht ausgereifte Prozesse umzusetzen
- widersprüchliche Anweisungen zu befolgen
- gegensätzliche Ziele zu erreichen

Diese Kehrseite des schnellen Wandels bringt viele Konfliktquellen für die Mitarbeiter mit sich. Denn durch die Schnelligkeit und Vielzahl an Veränderungen kommt es immer wieder zu Widersprüchen, die aufeinanderprallen. So fragen sich viele Führungskräfte, wie sie die gegensätzlichen Ziele in der Führung vereinbaren sollen. Auf der einen Seite sind Führungskräfte gefragt, die Mut für Entscheidungen aufbringen und sich durchsetzen können. Auf der anderen Seite heißt führen, alle Mitarbeiter ins Boot holen zu können, sie zu motivieren und zu Beteiligten zu machen. Der Konflikt ist klar: Entscheidungen bedürfen häufig einer gewissen Schnelligkeit und Kompromisslosigkeit. Dagegen kostet es Zeit und erfordert die Bereitschaft zum Entgegenkommen, wenn Mitarbeiter erfolgreich beteiligt werden sollen.

1.4 Und wie lösen wir unsere Konflikte? Vorsicht Sackgasse!

Wie wir unsere Konflikte angehen und lösen, ist abhängig von unseren Einstellungen, Werten und Erfahrungen. Einen großen Teil unseres Konfliktverhaltens haben wir von anderen gelernt. Schon als Kinder registrieren wir, wie unsere Eltern und Bezugspersonen in Streitfällen reagieren. Dieses Verhalten wird oftmals über Jahre unbewusst beobachtet und dann ebenfalls unbewusst imitiert. Auch wenn wir es vom Verstand besser wissen, verfallen wir schnell in alte Verhaltensmuster. Die typischen Verhaltensweisen in Konflikten sind Kampf oder Flucht.

So kommen wir immer wieder in Situationen, in denen wir einen Konflikt verdrängen oder verschleppen. Dies ist nichts anderes als das Verhaltensmuster Flucht. Was macht es uns so schwer, einem Konflikt ins Auge zu sehen und eine positive Lösung anzustreben?

In anderen Fällen lösen wir einen Konflikt aktiv aus und lassen ihn sogar eskalieren. Beim Verhaltensmuster Kampf gewinnen häufig unsere weniger attraktiven Eigenschaften wie Sturheit, Rechthaberei, Arroganz und Rachsucht. Wenn wir schon Konflikte eingehen, was hindert uns daran, positiv mit ihnen umzugehen? Warum verlieren wir in Konfliktsituationen so oft unsere Freundlichkeit?

Denkblockade

Wir Menschen können denken. Wir können Konsequenzen abwägen. Wir können unser Handeln nach unseren Überlegungen ausrichten. Wir können dies tun – tun es aber nicht immer. Gerade in Konflikten zeigt sich, dass wir häufig ohne zu überlegen reagieren. Dabei tun wir Dinge, die uns hinterher leidtun, die wir gern ungeschehen machen würden.

In Konflikten treffen wir auf gegenteilige Positionen, Interessen, Ziele. Etwas hindert uns, das zu tun, was wir tun wollen. Wir werden unsicher und hilflos oder verärgert und wütend. Unser seelisches Wohlbefinden ist gestört. Die Energie, mit der wir unser Ziel erreichen wollen, staut sich auf. Dies führt zu einer Ausschüttung von Stresshormonen im Körper. Sie bereiten den Körper darauf vor, der unangenehmen Situation zu entfliehen oder sich dem Kampf zu stellen. Damit der Körper schnell reagieren kann, wird unser Gehirn ausgeschaltet. Es kommt zu Denkblockaden. Von nun an reagieren wir nur noch, suchen die Auseinandersetzung oder die Flucht.

Ob wir eher zur Flucht oder zum Kampf neigen, kommt zum einen auf die Art des Konfliktes, zum anderen auf unsere Grundabsicht an. Die Entscheidung treffen wir nicht, indem wir nachdenken. Unser Stammhirn nimmt die äußeren Reize in Sekundenbruchteilen auf und gibt den Befehl zur Flucht oder zum Kampf – je nach dem, was eher geeignet ist. Steht ein gefährlich aussehender riesiger Gegner vor uns, werden wir kaum die Hand zum Kampf erheben. Auch bei drohender Gefahr von einem LKW überrollt zu werden, sind wir nicht auf einen Kampf aus. In beiden Fällen signalisiert uns das Stammhirn eindeutig, es sei am besten, die Flucht zu ergreifen.

Wie stehen wir zu Konflikten?

Ob wir tendenziell eher zur Flucht oder zum Kampf neigen, verraten auch unsere Grundabsichten:

- Ich möchte Harmonie und Frieden; ich möchte meine Ruhe.
- Ich möchte gewinnen; ich habe Recht; ich setze mich durch.

In einem Konflikt sind uns oftmals beide Absichten gleich wichtig. Wir wollen eigentlich unsere Ruhe haben, den Frieden bewahren, aber trotzdem gewinnen und Recht haben. Aus diesem Grund halten wir uns selbst in Konflikten für friedfertig, wäre da nicht unser Konfliktgegner, der uns leider zwingt, so zu reagieren wie wir es dann tun, nämlich gar nicht friedlich.

Je nachdem, wie stark unser Bedürfnis nach Frieden oder nach Sieg ausfällt, entscheiden wir uns für Flucht- oder Kampfverhalten. Die Wahl hängt auch davon ab, was für ein Typ wir sind, wie es um unsere Selbstbeherrschung steht, welche Position wir in dem Konflikt haben, wie wichtig uns die Angelegenheit ist und mit welchem Rechtsbewusstsein wir ausgestattet sind. Nicht zuletzt spielt es eine Rolle, wie viel Wertschätzung wir unserem Gegenüber entgegenbringen. Auch strategische Überlegungen sind mit von der Partie, wenn es zum Beispiel um die Einschätzung der Siegchancen geht.

Ein weiterer Aspekt ist unsere grundsätzliche Einstellung zu Konflikten. Auch dies ist ein Resultat unserer Erfahrungen, Werte, Gefühle und Denkstruktur. Dabei können wir drei Einstellungen unterscheiden:

- *Positive Einstellung*
Menschen mit dieser Einstellung gegenüber Konflikten verknüpfen überwiegend Positives mit dem Begriff, wie Herausforderung, Lösung, Spannung, Weiterentwicklung oder Chance. Sie sind in der Regel mit einem gesunden Selbstbewusstsein und Grundoptimismus ausgestattet und gehen auch so an ihre Probleme heran. Auseinandersetzungen werden aktiv und ohne Angst vor Verlust von Harmonie und ohne die Befürchtung, als Verlierer dazustehen, geführt. Aus dieser Einstellung kann allerdings auch die Lust auf Auseinandersetzungen erwachsen. Diese äußert sich in mit Leidenschaft geführten Streitgesprächen oder im Nichtauslassen von Konfliktsituationen.

- *Negative Einstellung*
Wer diese Einstellung hat, verbindet mit dem Konfliktbegriff eher negative Aspekte, wie Ärger, Verlieren, Unfriede, Belastung oder Gewalt. Die Reaktion auf Konflikte ist meistenteils zögerlich oder unsicher und von Angst begleitet. Diese Menschen werden Konflikte eher meiden oder verdrängen, als sie offen anzugehen.

- *Neutrale Einstellung*
Hier zeigt sich ein eher ausgewogenes Bild von positiven, negativen und neutralen Assoziationen. Kennzeichnende Begriffe sind Unterschiede, Ausfechten, Diskussion, Gegensätzlichkeit, Probleme lösen oder miteinander reden und ringen. Wer eine neutrale Einstellung gegenüber Konflikten einnimmt, versucht, die Chancen und die Schwierigkeiten von Konflikten realistisch zu sehen. Es sind sowohl negative als auch positive Erfahrungen mit der Lösung von Konflikten gemacht worden. Das Interesse, zu einer positiven und konstruktiven Lösung zu kommen, ist hoch.

Auf in den Kampf!

Ein kleines Beispiel aus dem Alltag eines Autofahrers:

Bernd sucht vergeblich einen Parkplatz. Er steht stark unter Zeitdruck, denn er hat einen dringenden Termin. Einige Meter vor ihm verlässt endlich ein anderer PKW eine Parklücke. Bernd ist ganz erleichtert und setzt den Blinker zum Einparken. In diesem Moment kommt ein weiterer Wagen um die Ecke gebogen und fährt direkt auf die freigewordene Parklücke zu.

Wie wird Bernd reagieren? Was wird in ihm die Oberhand gewinnen: der Wunsch nach Friede oder der Wunsch, sich gegenüber dem anderen Fahrer durchzusetzen?

Gehen wir davon aus, dass es für Bernd sehr wichtig ist, endlich einen Parkplatz zu finden, um seinen Termin noch einhalten zu können. Nehmen wir weiter an, er fühlt sich durch das frühere Erscheinen am Parkplatz und das Blinker setzen klar im Recht. Er hat schon diverse negative Erfahrungen mit ‚Egoisten' im Straßenverkehr gemacht und fängt an, sich richtig aufzuregen:

Bernd hupt mehrmals und zeigt dem anderen Fahrer deutlich, dass er Anspruch auf den Parkplatz erhebt. Doch dieser lässt sich nicht von seinem Vorhaben abbringen und parkt ein. Jetzt verliert Bernd die Beherrschung. Er steigt aus dem Wagen, fuchtelt mit den Armen und fängt an zu schimpfen.

Werfen wir einen Blick auf den anderen Autofahrer. Dass er einparkt, lässt den Konflikt eskalieren. Warum tut er das? Im ersten Moment hat er nicht erkannt, dass Bernd schon vor ihm Interesse an der Parklücke zeigte. Er beginnt mit dem Parkmanöver. Als Bernd beginnt zu hupen und wild zu gestikulieren, fühlt sich der andere Fahrer von ihm angegriffen und provoziert: „Schon wieder so einer, der sich auf der Straße aufführt wie ein wild gewordener Stier!“ Um Bernd zu zeigen, dass er sich so nicht behandeln und unter Druck setzen lässt, setzt er sein Auto vor Bernds Nase in die Lücke. Aus der Verteidigung wird ein Gegenangriff.

Am Ende stehen beide auf der Straße, schimpfen und beleidigen sich gegenseitig. Erst als sich hinter Bernds Fahrzeug ein kleiner Stau bildet, steigt er ein und fährt immer noch schimpfend weg. Nicht ohne sich dabei schuldlos als Verlierer zu sehen und sich noch lange über diese Situation zu ärgern.

Dieses Verhalten hat nicht zur positiven Lösung des Konfliktes geführt, sondern eher zu einer Kettenreaktion: Erst durch das kämpferische Auftreten Bernds hat sich der Konflikt negativ entwickelt. Auf eine Aktion folgte eine Reaktion, die wiederum nicht ohne Antwort blieb. Da weder Bernd, noch der andere Fahrer aus der Kette von Aktion und Reaktion ausgebrochen sind, findet der Konflikt kein positives Ende. Zwar hat der andere Autofahrer gewonnen, dies allerdings auf Kosten von Bernd. Dass dies keine freundliche Art darstellt, einen Konflikt zu lösen, ist wohl eindeutig.

Nachgeben um des lieben Friedens willen

Bleiben wir beim Beispiel mit dem Parkplatz. Was passiert, wenn Bernd, um dem drohenden Konflikt zu entgehen, die Auseinandersetzung mit dem anderen Fahrer nicht suchen würde? Gehen wir davon aus, die Gründe, warum Bernd den Parkplatz dringend benötigt, sind die gleichen. In dieser Variante sieht Bernd, wie das andere Auto auf den Parkplatz zusteuert. Er denkt sich: „Oh nein, jetzt nicht auch noch das. So ein Idiot! Wie arrogant der hinter dem Lenkrad sitzt. Das wird sowieso nichts nützen, wenn ich dem jetzt erzähle, dass ich früher hier war als er. So wie der aussieht, fährt der am Ende doch in die Parklücke. Und auf Streitereien habe ich keine Lust." Zähneknirschend und mit schlechter Laune zieht Bernd weiter und sucht nach einem anderen Parkplatz.

Bernd weicht dem Konflikt aus. Er hat sich gegen eine Auseinandersetzung entschieden und sich zurückgezogen, ist sozusagen geflüchtet. Dabei hat er erst gar nicht probiert, ob der andere für eine Klärung zugänglich gewesen wäre. Vielleicht hätte ein kurzes Signal schon genügt und der andere Fahrer hätte die Lücke freigegeben. Er wird es nie erfahren.

Nun stellt Bernds Fluchtverhalten für diesen kleinen Konfliktfall kein großes Problem dar. Wir können sogar davon ausgehen, dass Bernd sich deutlich weniger ärgert, als wenn er gekämpft und verloren hätte. Schwierig wird die Verhaltenstendenz Flucht dann, wenn sie für einen Menschen typisch ist, wenn in bestimmten Situationen die Wahl immer auf Rückzug und auf Nachgeben fällt. Zum einen, weil wir selbst darunter leiden, vor jedem Konflikt zu flüchten, da wir uns so nie durchsetzen können. Zum anderen, weil andere auf Dauer merken, dass wir die Auseinandersetzung in gewissen Punkten scheuen und dies ausnutzen können. Wer ständig auf der Flucht vor Konflikten ist, nimmt sich und anderen die Chance auf Verbesserung und Weiterentwicklung.

Wir haben keinen Konflikt!

Eine Sonderform der Flucht ist, einen Konflikt erst gar nicht wahrzunehmen, ihn sofort zu vertuschen oder solange nicht mehr ‚aufzutauchen' bis er sich hoffentlich von allein gelöst hat.

Je nach Situation kann es dazu kommen, dass wir im Falle eines Konflikts wirklich nichts hören und sehen. Wir haben einfach keinen Konflikt und wer uns etwas anderes erzählt, übertreibt. So hat ein Abteilungsleiter über Monate hinweg Streitigkeiten unter seinen Mitarbeitern nicht wahrhaben wollen. Da die Situation schon weite Kreise zog, wurde er von den verschiedensten Seiten auf den schwelenden Konflikt angesprochen. Immer wieder betonte er, wie gut er seine Mitarbeiter kenne und wie gern alle zusammenarbeiten würden. Als dann auf Einwirkung der Geschäftsleitung ein Teamtraining angesetzt wurde, behielt er diesen Standpunkt bei und bestritt das Vorhandensein eines Konflikts. Erst als einzelne Mitarbeiter sich gegensätzlich äußerten, änderte er seine Haltung. Nun versuchte er, den bestehenden Konflikt zu verharmlosen. Geholfen hat er seiner Abteilung damit nicht. Nicht nur, dass es unter den Mitarbeitern zu einer ungelösten Auseinandersetzung gekommen war, sie durften auch den Konflikt nicht ansprechen, weil ihr Vorgesetzter ihn tabuisierte. Wer keinen Konflikt haben darf, der kann auch keine Lösung finden. In diesem Dilemma stand die gesamte Abteilung.

Diese Form der Konfliktverharmlosung entsteht häufig durch Schuldgefühle. Der Abteilungsleiter tabuisierte Konflikte, um nicht als Führungskraft dazustehen, die ihre Abteilung nicht im Griff hat. Leider steigert sich durch solches Verhalten die Konflikthäufigkeit, da keine Auseinandersetzung gewünscht und Lösungen für Probleme nicht gefunden werden können. Konflikte sind auch in Unternehmen an der Tagesordnung und kein Zeichen für schlechte Führungsqualität.

Doch nicht nur in Unternehmen kann Verdrängung großen Schaden anrichten. Gerade in Beziehungen passiert es schnell, dass Konflikte unterdrückt werden, da sie die Harmonie stören und Angst vor Verlust erzeugen. Das geht in der Regel solange gut, bis sich zu viel angestaut hat. Dann bricht der Konflikt von heute auf morgen heftig aus, meistens genügt ein kleiner, unbedeutender Anlass. Aber jetzt ist es schwieriger, eine Lösung zu finden. Zu viel ist verdrängt und unter den Teppich gekehrt worden. Die Ursachenforschung ist für Paare kaum noch allein zu bewältigen und Hilfe von außen dringend notwendig.

Die Folge aller vorgestellten Verhaltensweisen ist Frustration. Wenn wir Konflikte gar nicht oder nur oberflächlich lösen oder im Kampf unsere Energien verschwenden, dann sind wir hochgradig unzufrieden und verhalten uns anderen gegenüber unfreundlich, nachtragend, arrogant oder aggressiv.

2 Der Konflikt mit uns selbst

Grundsätzlich unterscheiden sich Konflikte dadurch, ob sie sich in unserem Inneren oder zwischen uns und anderen abspielen. Sie kennen sicherlich den inneren Kampf zwischen Genuss und Vernunft: „Jetzt das Eis essen oder den Diätplan einhalten?“ Dagegen treffen bei Konflikten zwischen Menschen gegensätzliche Meinungen oder Ziele aufeinander. Norbert will Eis essen gehen, Ilse möchte Diät halten. Spannend wird es, wenn zu dem zwischenmenschlichen Konflikt auch noch ein innerer hinzukommt. Ilse kämpft mit sich selbst: „Wenn er jetzt ein Eis isst, dann wird mein Appetit auf Eis noch größer und ich kann meine Diät vergessen!“ Sollte Norbert jetzt vor Ilses Augen Eis schlecken, dann wird der Konflikt zwischen ihr und Norbert größer, weil sie auch noch mit sich selbst im Konflikt liegt.

2.1 Wenn wir uns entscheiden müssen

Viele Konflikte, die wir mit anderen Menschen austragen, haben ihren Ursprung in unseren inneren Konflikten und Kämpfen. Wie deklamierte schon Faust: „Zwei Seelen wohnen, ach!, in meiner Brust.“ Dieser Ausspruch beschreibt sehr anschaulich den persönlichen Zustand bei einem inneren Konflikt. Die zwei Seelen melden unterschiedliche Ansprüche an und setzen alles daran, auf unser Handeln Einfluss zunehmen. Wir erleben einen inneren Konflikt, wenn sich diese unterschiedlichen Stimmen in uns widersprechen und wir der Meinung sind, uns für eine entscheiden zu müssen. Dann fühlen wir uns unwohl, angespannt und verunsichert.

Unsere inneren Stimmen, die Mitglieder unseres ‚inneren Teams’ lassen uns in einer Situation unterschiedliche, kontroverse Meinungen und Gefühle erleben. Als ‚Teamchef’ müssen wir diese zu einem stimmigen Bild vereinen, damit alle Beteiligten zufrieden sind.

Innere Spannungsfelder

Zwei gegensätzliche Bedürfnisse halten uns auf Trab. Wir wollen das eine genauso sehr wie das andere. Uns treibt beides an:

- Die Lust nach Neuem, nach Herausforderung
- Das Verlangen nach Beständigkeit und Sicherheit

Viele Entscheidungen unseres Lebens sind von dieser Spannung getragen. Ob wir darüber nachdenken, eine neue Stelle anzunehmen, ein unbekanntes Urlaubsziel ins Auge zu fassen oder in ein neues Zuhause umzuziehen. Immer wägen wir ab zwischen der Lust nach Neuem und dem Verlangen nach Beständigkeit.

Das Neue lockt: Andere Tätigkeiten, die neue Herausforderung, selbst das Risiko scheinen das eigene Leben wieder etwas spannender zu machen. Auf der anderen Seite stehen unsere Sicherheitsansprüche. In der alten Tätigkeit kennen wir unsere Kollegen, wir wissen was wir zu tun haben, wir sind uns der Vor- und Nachteile der alten Stelle voll bewusst. Wenn wir uns mit dem Gedanken tragen, etwas Neues zu beginnen, dann streitet sich das beruhigende Sicherheitsgefühl des Bekannten und Bewährten mit der Lust auf Risiko, Herausforderung und Weiterentwicklung.

Selbst bei der Wahl des Urlaubsziels geht es uns nicht anders. Wir träumen von fernen und unbekannten Gestaden, von Abenteuern und neuen Erfahrungen. Und wohin fahren wir? In den bekannten Urlaubsort, in dem wir schon seit Jahren Stammgast sind. Warum? Weil wir uns dort schon fast zu Hause und sicher fühlen. Wir kennen uns aus, haben bereits nette Kontakte vor Ort und können mit Gewissheit sagen, dass die ‚schönsten Tage des Jahres' dort auch wirklich schön werden. Wenn wir manchmal doch das unbekannte Reiseziel buchen, dann hat sich unsere neugierige Seite durchgesetzt.

Gewissenskonflikte

Auch bei Gewissenskonflikten tragen wir schwer an einer Entscheidung. Hier liegen unsere Werte mit unseren Bedürfnissen und Wünschen im Streit. Unsere Wertvorstellungen geben uns vor, was wir zu tun oder zu lassen haben und in welche Richtung wir denken. Leider können solche Werte aber auch gegensätzlich sein. So befinden sich gerade Frauen (gelegentlich auch Männer) im Wertedilemma: Unabhängigkeit und beruflicher Erfolg kontra Familie und Fürsorge. Zu den gegensätzlichen Wertvorstellungen kommen noch die unterschiedlichen Wünsche: „Ich möchte gern immer für mein Kind da sein und gleichzeitig möchte ich auch gern meinen Beruf ausüben." Hier eine Entscheidung zu treffen, fällt den Wenigsten leicht.

Je wichtiger uns die Fragen sind, umso heftiger tobt der innere Konflikt. Er kann über Tage und Monate unser Denken beschäftigen und unsere Gefühle und Gedanken mal in die eine, mal in die andere Richtung führen. So passiert es, dass wir abends mit einer festen Entscheidung ins Bett gehen und am anderen Morgen wieder völlig verunsichert aufwachen. Erneut fragen wir uns, ob wir die richtige Entscheidung getroffen haben und beginnen wieder von vorn.

Alle Möglichkeiten sind erstrebenswert

Sind wir konfrontiert mit mehreren, von uns als gleich gut bewerteten Möglichkeiten, dann stehen wir vor einem inneren Kampf über die Wahl der besten Variante. Hier ist die Auswahl sehr komfortabel, da uns mehrere attraktive Optionen zur Verfügung stehen. Aber auch hier entwickelt sich ein innerer Kampf, da wir nicht alles haben können. In diese Form des inneren Konflikts geraten wir häufig beim Kauf von Konsumgütern. So haben Sie etwa ein bestimmtes Budget für die Anschaffung eines Autos. Nach diversen Vorüberlegungen sind zwei Fahrzeuge in der engeren Wahl. Beide Angebote sind für Sie gleichermaßen attraktiv. Nun heißt es eine Entscheidung zu treffen, ohne dass Sie gute Gründe für die Ablehnung des einen oder anderen Angebotes haben.

Furcht vor der falschen Entscheidung

Aus so einem komfortablen Wahlkonflikt kann auch schnell ein unangenehmer werden. Das eine Fahrzeug bietet etwas mehr Platz, das andere wirkt sportlicher. Da Sie sich nicht zwischen den beiden Modellen entscheiden können, beginnen Sie damit, die Vor- und Nachteile zu diskutieren. Sie schauen in die Zukunft und fragen sich: „Brauche ich nicht vielleicht irgendwann mal mehr Platz? Würde ich mich dann nicht ärgern, wenn ich jetzt das sportlichere Auto kaufe?" Eine Stunde später sehen Sie sich bei schönem Wetter mit dem sportlichen Auto über die Landstraße fegen und stellen sich die Frage: „Werde ich mich nicht später ärgern, dass ich nur nach dem Platzangebot entschieden habe? Will ich später nicht auch Spaß beim Fahren erleben?" Was vorher noch wie eine komfortable Wahlmöglichkeit zwischen zwei gleich guten Modellen aussah, ist zu einem Konflikt eskaliert. Nun wird Ihre Entscheidung durch die Furcht, sich falsch zu entscheiden und mit den negativen Folgen leben zu müssen, erschwert.

Der innere Konflikt mag sich beim Kauf eines Fahrzeugs in der Regel noch in Grenzen halten, bei existenzielleren Entscheidungen bricht er dann umso heftiger aus. So werden heute viele Menschen vor die Wahl gestellt, entweder Karriere zu machen, dafür weite Wege in Kauf zu nehmen und oftmals nur am Wochenende zu Hause zu sein, oder erst einmal kein berufliches Fortkommen zu erleben, dafür aber ein stabiles privates Umfeld zu behalten. Sowohl Karriere als auch das stabile familiäre Umfeld sind positive Wahlmöglichkeiten. Wenn sie sich scheinbar gegenseitig ausschließen und eine Entscheidung für das eine oder andere getroffen werden muss, kann es zu heftigen inneren Konflikten kommen, die uns Tag und Nacht beschäftigen. Die letzte Stufe der Konflikteskalation ist erreicht, wenn wir durch die Furcht vor den negativen Folgen einer Entscheidung so unter Druck geraten und verunsichert werden, dass unsere Handlungsfähigkeit blockiert ist.

Je wichtiger die Entscheidungen für uns sind, umso schwerer tun wir uns mit der Abwägung der Vor- und Nachteile. Entscheidungsfreudige

Menschen werden eher einem Impuls in die eine oder andere Richtung folgen. Dagegen haben diejenigen, die etwas mehr Zeit benötigen, häufig die heftigeren inneren Kämpfe auszustehen, bis sie sich zu einer Entscheidung durchgerungen haben.

Ich will nichts von all dem!

Leider geht es häufig nicht nur um die Wahl zwischen zwei positiven Dingen. Oft stecken wir auch in dem Dilemma, uns zwischen lauter unangenehmen Möglichkeiten entscheiden zu müssen. Was ist, wenn wir keine positive Alternative haben, wenn wir nur noch auf der Suche nach dem kleineren Übel sind?

Sie haben Zahnschmerzen, die immer schlimmer werden. Leider gehören Sie aber auch zu den Menschen, die höllische Angst vor dem Zahnarztbesuch haben. Was also tun? Die Schmerzen aushalten und hoffen, dass es wieder von selbst besser wird? Sehr unwahrscheinlich! Oder doch lieber zum Zahnarzt und irgendwie versuchen mit der eigenen Angst fertigzuwerden? Werden die Schmerzen größer, sieht der Besuch beim Zahnarzt nach dem kleineren Übel aus. Sobald Sie jedoch die Praxis betreten, macht sich der innere Kampf wieder bemerkbar. Die Alternative, zu warten bis der Schmerz von allein aufgibt, scheint doch das kleinere Übel zu sein. Dies wird dann spätestens auf dem Zahnarztstuhl zur Gewissheit.

2.2 Innere Konflikte auflösen

Um innere Konflikte positiv zu lösen, benötigen wir eine aktive Auseinandersetzung mit unseren inneren Stimmen. Wenn wir in einer Situation dazu neigen, die Entscheidung immer weiter herauszuschieben und bereits getroffene Entscheidungen wieder zu revidieren, dann ist es an der Zeit, die Auseinandersetzung mit uns selbst zu suchen.

Carmen ist schon lange in ihrem Beruf erfolgreich. Vor einem Jahr hat sie eine verantwortungsvolle Stelle als Leiterin eines Teams übernommen. Diese Aufgabe war für sie neu und stellte eine interessante

Herausforderung dar. Aufgrund der Entwicklung des Unternehmens haben sich jedoch die eigentlichen Aufgaben der neuen Abteilung mehrfach geändert. Immer wieder ist Carmen gezwungen, ihre Abteilung, entgegen ihren eigentlichen Plänen, umzustrukturieren. Durch die ständigen Veränderungen fehlt den Mitarbeitern mittlerweile die Orientierung, was die Motivation deutlich sinken lässt und zu Querelen innerhalb der Abteilung führt. Dies belastet auch Carmen und trägt dazu bei, dass es ihr immer schwerer fällt, die verordneten Änderungen zu akzeptieren und mit Tatendrang umzusetzen. Carmen fühlt sich unfähig, die Abteilung unter diesen Umständen gut zu führen. Zum ersten Mal in ihrem Leben verspürt Carmen morgens große Unlust, ins Büro zu gehen. Sie beginnt zu überlegen, ob sie die Leitung des Teams abgeben soll. Doch schnell kommt Carmens Wertvorstellung ins Spiel: „Was man einmal angefangen hat, wird auch zu Ende gebracht!“ Diese kollidiert mit ihrem Bedürfnis nach Rückzug und Ruhe. Außerdem meldet sich noch ihr Selbstwertgefühl: „Aufgeben – wie stehe ich denn dann vor meinem Chef da? So bekomme ich nie wieder eine verantwortungsvolle Aufgabe.“ Sie ist nicht fähig, eine Entscheidung zu treffen und fühlt sich unter ständigem Druck. Die Stimmen in ihr streiten sich immer lauter. Gibt sie in einem Moment der beschwichtigenden Stimme nach: „Hör doch hiermit auf, das ist nicht gut für dich“, meldet sich sofort die andere: „Jetzt stell dich nicht so an, Augen zu und durch!“ Es kommt zu ersten körperlichen Reaktionen: Unausgeglichenheit, fehlender Schlaf, ständige Kopfschmerzen und Probleme mit dem Rücken.

Den inneren Konflikt erkennen

Damit Carmen ihren inneren Konflikt positiv auflösen kann, muss sie ihn erst einmal wahrnehmen. Sie braucht die Erkenntnis, dass ihre wachsende Unausgeglichenheit und ihre gesundheitlichen Probleme durch ihren inneren Kampf noch verstärkt werden. Durch das Verschleppen ihres Konfliktes droht er weiter zu eskalieren, verschärfte gesundheitliche Probleme sind möglich. Carmen hilft es an dieser Stelle, sich erst einmal bewusst zu werden, was die Ursachen für ihren inneren Konflikt sind: das Bedürfnis, die Abteilung abzugeben, um Lebensfreude zurückzugewinnen, kämpft gegen ihre Wertvorstellung an, alles zu Ende bringen zu wollen.

Diese Selbstanalyse ist der erste Schritt zur Lösung des Konflikts. Carmens Ziel muss es sein, zu einer inneren Klärung zu kommen und bewusst herauszuarbeiten, was ihr wichtiger ist, um wieder handlungsfähig zu werden.

Probeentscheidung durchführen

Bei diesem Vorgehen entscheiden wir uns gedanklich zur Probe einmal für die eine Möglichkeit und einmal für die andere. In unserem Fallbeispiel trifft Carmen die probeweise Entscheidung zuerst für den Verzicht auf die Position, danach für die Weiterführung ihrer Tätigkeit. Dabei versetzt sie sich gedanklich in die Zeit nach ihrer Entscheidung. Sie versucht, die potenzielle Zukunft in ihrem Kopf real werden zu lassen. So durchlebt sie jede dieser Möglichkeiten als Szenario: Was würde passieren, wenn ich mich für diese Option entscheide? Wie fühlt es sich an, wenn ich diese Option gewählt habe? Was wird mir gefallen, was werde ich ablehnen? Wie wird sich diese Entscheidung auf mein persönliches Umfeld auswirken? Wie werden meine Kollegen, mein Vorgesetzter darauf reagieren? Was bedeutet mir deren Reaktion?

Mit Hilfe dieser Fragen entstehen Szenen, Bilder und Geschichten im Kopf. Auf diese Weise können wir mögliche Entwicklungen vorab fühlen und austesten. Im besten Falle erhalten wir Klarheit darüber, was uns wichtiger ist, was wir lieber wollen. Besonders bei wichtigen Entscheidungen kann dies helfen, den inneren Konflikt zu lösen und eine wirkliche Wahl zu treffen.

Nehmen wir an, dass Carmen bei dem Erleben ihrer Probeentscheidung feststellt, dass sie sich viel wohler fühlt, wenn sie ihrem Bedürfnis nach Ruhe und Wiederherstellen ihrer Lebensqualität nachgibt. Dagegen verliert die Vorstellung „Was denkt dann bloß mein Chef von mir?“

an Dramatik und scheint wesentlich weniger unangenehm, als zuvor ausgemalt. Mit diesem Ergebnis ist der innere Konflikt von Carmen schon fast gelöst. Denn der innere Kampf war von der Gleichwertigkeit der unterschiedlichen Bedürfnisse und Wertvorstellungen von Carmen verursacht. Diese Gleichwertigkeit ist durch die Probeentscheidung gekippt und der eigene Anspruch an sich selbst hat sich verändert. Damit hat das Gefühl, hin und her gerissen zu sein, ein Ende.

Bewusst nach Alternativen suchen

Konflikte schränken unsere Wahrnehmung und unser Denken mitunter stark ein. Ideen für mögliche Lösungen, neue Ansätze für die Konfliktbewältigung kommen uns nur spärlich in den Sinn. Daher ist es nicht selten, dass wir in einer Konfliktsituation durchaus vorhandene Möglichkeiten nicht erkennen können.

Eine weitere Strategie für die Auflösung innerer Konflikte ist daher die bewusste Suche nach Alternativen. Diese Strategie schließt an das Erkennen des Konfliktes an. Wenn wir bei unserem Beispiel bleiben, könnte Carmen etwa prüfen, ob sie in ihrem Umfeld Dinge ändern kann, die ihren bestehenden inneren Konflikt auflösen. Da die Gefahr besteht, allein nicht von der Stelle zu kommen, ist es sinnvoll, hier jemanden an der Suche nach Alternativen zu beteiligen. Um aufkommende Gedanken nicht voreilig als nicht durchführbar abzuwerten, werden neue Vorschläge im ersten Schritt schriftlich festgehalten und gesammelt. Auf diese Weise löst sich die Denkblockade, die durch den inneren Konflikt hervorgerufen wurde, wieder auf und schafft Platz für neue Lösungen.

3 Der Zweier-Konflikt

Konflikte zwischen Menschen entstehen zumeist aus Gegensätzlichkeiten. Hier geht es weniger um Entscheidungen, sondern um die kleinen und großen Dinge, die uns unterscheiden und für die uns häufig das Verständnis fehlt.

3.1 Unterschiede erschweren das Verständnis

„Jeder Jeck ist anders“, sagen die Kölner. Jeder Mensch unterscheidet sich vom anderen. Maya ist blond, Ulla ist schwarzhaarig. Aus dieser Tatsache allein erwächst kein Konflikt. Dazu kommt es erst, wenn wir wegen der Unterschiede den anderen nicht verstehen. Warum gibt es Hunderte von Ratgebern über Konflikte zwischen Frauen und Männern? Weil Frauen und Männer sich im Denken, Fühlen und Handeln unterscheiden und daraus Probleme im Miteinander entstehen. Sie verstehen einander häufig nicht, weil sie anders ‚ticken'.

Unabhängig vom Geschlecht gibt es noch viele andere Aspekte, in denen wir Menschen uns unterscheiden. Wir verfolgen andere Ziele, deuten und bewerten Sachverhalte unterschiedlich oder leben in anderen Machtverhältnissen. Wenn sich die Motive, das Verhalten, die Gefühle des anderen deutlich von unseren unterscheiden und diese aufeinanderprallen, fehlt uns schnell das Verständnis. Mangelnde Toleranz und fehlendes Einfühlungsvermögen führen dann zum Konflikt.

Warum denken wir, was wir denken?

Jeder von uns hat im Laufe seines Lebens bestimmte Werte und Normen verinnerlicht. Das können individuelle Werte wie Freiheit und Selbstverwirklichung, soziale Werte wie Anerkennung und Sicherheit oder Erfahrungswerte aus dem Elternhaus sein. Diese Werte sagen etwas darüber aus, was wir im Leben für wichtig und unwichtig halten, was wir grundsätzlich als richtig und falsch betrachten. Sie sind eine grundlegende Orientierungshilfe und bilden die Basis für unser Denken und Beurteilungen. Wenn gegensätzliche Werte und Normen aufeinander treffen, kommt es zu Konflikten. Entspricht die Wertvorstellung des anderen nicht der unsrigen, neigen wir dazu, dies negativ zu bewerten. Schnell wird dadurch der ganze Mensch mit abgewertet.

Unsere Wertvorstellungen und Gedanken sind das Ergebnis eines lebenslangen Lernprozesses. Wie wir gelernt haben zu denken, prägt unser gesamtes Verhalten. Dementsprechend kommunizieren wir mit anderen, ob verbal mit Worten oder nonverbal mit unserem Körper.

Jeder von uns besitzt bestimmte Denkmuster und -strukturen, die wir seit unserer Kindheit entwickelt haben und die uns prägen. Diese Denkstrukturen helfen uns, Dinge einzuordnen und zu beurteilen. Und darin liegt das Potenzial für Konflikte. Wir lernen von unseren Eltern oder auch später in der Schule von Lehrern und von Freunden, was normal ist und was nicht, was wir von bestimmten Menschen und deren Verhalten halten sollen (zum Beispiel über Menschen, die in der Öffentlichkeit stehen, wie Politiker und andere Prominente). Wir wissen, was gutes Essen ist, was die richtigen, ‚passenden' Kleidungstücke für uns und andere sind und wie wir uns in gewissen Situationen zu verhalten haben. Dazu kommt unser Lernen aus eigener Erfahrung, das entweder auf diesen vorgelebten Denkmustern aufbaut, oder aber sich bewusst davon abgrenzt. Dies führt zu einer Einteilung der Welt in normal und unnormal, in gut und böse.

Unsere Denkmuster bieten sich als Auslöser für Konflikte geradezu an, hier ein Beispiel: Sascha nimmt sich ungefragt das Auto seiner Mitbewohnerin Maria. Für sie ist es aber selbstverständlich, dass man fragt, bevor man sich etwas nimmt. Dieses gelernte Denkmuster beeinflusst Marias Gedanken und die Beurteilung von Saschas Verhalten: „Sascha spinnt wohl total. Der kann doch nicht einfach mein Auto nehmen, ohne mich vorher zu fragen. Dem werde ich aber was erzählen, der hat mein Auto das letzte Mal von innen gesehen!"

Denkmuster bleiben in ihren Grundpfeilern bestehen. Erst wenn wir irgendwann, durch einen Anstoß von außen, über Teile unseres Weltbildes nachdenken und etwas anderes erleben, kann es passieren, dass wir uns auch wieder von einem Denkmuster verabschieden oder es erweitern.

Grundeinstellungen nehmen Einfluss

Auch hinsichtlich unserer Grundeinstellungen unterscheiden wir uns voneinander. Wenn es um die Einstellung hinsichtlich unserer Beziehung zu anderen Menschen geht, unterscheiden wir drei Grundmuster:

- *Kooperativ*

Menschen mit dieser Einstellung sind bemüht, Ziele gemeinsam mit anderen zu finden und zu erreichen. In Konfliktfällen streben sie eine für alle Seiten zufrieden stellende Lösung an.

- *Konkurrierend*

Dagegen stehen Menschen mit einer konkurrierenden Einstellung. Hier geht es immer nur um die eigene Zielerreichung, die Befriedigung der eigenen Bedürfnisse. Dies kann immer nur auf Kosten der anderen gehen. Gewinnen bedeutet hier gleichzeitig, dass der andere verliert. Wer ein solches Grundmuster in sich trägt, braucht zur Erreichung seiner Ziele Macht.

- *Distanziert*

Menschen mit diesem Grundmuster haben ein distanziertes Verhältnis zu den Bedürfnissen und Interessen anderer. Hier zeigt sich Gleichgültigkeit gegenüber den Gedanken, Gefühlen und Verhalten anderer Menschen. Wichtig sind das eigene Ich, die eigenen Ziele und Bedürfnisse. Anders als beim Konkurrierenden legt es der Distanzierte nicht darauf an, auf Kosten anderer zu gewinnen, wehrt sich aber auch nicht dagegen.

Die Einstellung gegenüber anderen Menschen beeinflusst die Art und Weise, wie sich der Einzelne im Konfliktfall verhält. Der Kooperative wird versuchen eine gemeinsame, zufriedenstellende Lösung zu finden und die unterschiedlichen Interessen einzubeziehen, während der Konkurrierende den Konflikt zum Machtkampf ausrufen und um seinen Sieg ringen wird. Wenn in einem Konflikt beide Grundmuster aufeinandertreffen, ist es schwer, eine befriedigende Lösung zu erzielen. Beide gehen völlig gegensätzlich miteinander um und verfolgen unterschiedliche Strategien.

Da den Distanzierten die Interessen anderer nicht sonderlich berühren, wird er sie auch nicht hinterfragen und wahrnehmen. Dadurch fällt es ihm deutlich schwerer als dem Kooperativen, eine Lösung zu finden, mit der alle Beteiligten gut leben können.

Wie viel Zuwendung brauchen wir?

Nicht alle Menschen benötigen das gleiche Maß an Zuwendung. Hier gibt es drei Grundtendenzen, die den Umgang mit Konflikten deutlich beeinflussen:

- *Zuwendung*

Menschen, die zuwendungsorientiert sind, wollen von anderen positiv wahrgenommen, geliebt und angenommen werden. Das Fehlen von positiver Zuwendung führt zum Verlust der Selbstsicherheit. Das eigene Selbstwertgefühl nährt sich aus der positiven Reaktion ihrer Umwelt. Kritik wird immer als ein Anschlag auf die eigene Person wahrgenommen und führt zur Verunsicherung. Konfrontationen werden möglichst verhindert oder der Versuch gestartet, die Harmonie schnell wieder herzustellen – auch auf Kosten eigener Bedürfnisse.

- *Abwendung*

Das Streben nach Harmonie ist bei Menschen mit der Grundtendenz Abwendung nur sehr schwach ausgeprägt. Konflikte werden bevorzugt sachlich und argumentativ ausgetragen. Dabei wirken sie eher nüchtern und kühl, sachlich und distanziert. Unter ihnen finden sich häufig Einzelgänger, die sich selbst genügen.

- *Gegenwendung*

Wer die Gegenwendung als Grundtendenz in sich spürt, versteht sich eher als Kämpfer. Diesen Menschen geht es um den Sieg und der kann nur mit aggressiven Mitteln erzwungen werden. Entweder werden Konflikte emotional aggressiv ausgetragen werden und man präsentiert sich als Angreifer. Die andere Erscheinungsform ist weniger emotional, hier kann sich die Gegenwendung durch stures Beharren auf Formalitäten und Regeln zeigen.

Wenn Unterschiede zu Intoleranz führen

All diese Unterschiede tragen wir ständig mit uns: unsere Einstellungen, Wissen, Erfahrungen, unsere Wertvorstellungen, Gefühle und Gedanken, unsere Hoffnungen, Ängste und Ziele. Das ist unser Gepäck, das macht uns aus. Jeder Rucksack eines Menschen ist anders gefüllt, da jeder über andere Kenntnisse und Erfahrungen verfügt. Wenn wir nun auf einen anderen Menschen treffen, dann bestimmt der Inhalt des Rucksackes auch, wie wir miteinander umgehen. Ähneln sich die Inhalte, das heißt, haben wir übereinstimmende Erfahrungen, besitzen wir in Teilen das gleiche Wissen, ähneln sich Aspekte unseres Denkens und Fühlens, dann können wir einander gut verstehen und tolerieren. Wie sieht es aber aus, wenn sich unser Gepäck voneinander unterscheidet? Wenn wir über gänzlich andere Erfahrungen verfügen und wir unterschiedlich denken und empfinden? Dann fällt es uns deutlich schwerer, unser Gegenüber zu verstehen.

Die Rucksäcke unterscheiden sich auch in ihrer Größe. Wer einen kleinen Rucksack mit wenig Inhalt besitzt, findet weniger Menschen, die er verstehen kann. Er verfügt über weniger Wissen, Erfahrungen oder geringere Spannweite seiner Gedanken und findet dementsprechend weniger Menschen mit ähnlichem Gepäck. Je mehr unser Rucksack gefüllt ist, desto leichter können wir andere verstehen und akzeptieren. Je offener und je bereiter wir sind, unseren Rucksack auch mit Dingen zu füllen, die gegensätzlich zu unseren Erfahrungen, jetzigem Wissensstand und Glaubenssätzen sind, umso leichter fällt es uns mit anderen umzugehen und sie zu tolerieren.

Wir vergrößern unser Gepäck und damit unser Verständnis und unsere Toleranz, indem wir uns für die Inhalte anderer Rucksäcke interessieren. Wenn wir Menschen und deren Ansichten offen gegenübertreten, sie interessiert hinterfragen, ohne sie direkt zu bewerten und dann als falsch abzulehnen, erwachsen aus Unterschieden keine Konflikte.

3.2 Konfliktanlässe

Unsere Unterschiede bergen das Potenzial für die verschiedensten Konfliktsituationen. So bieten andersartige Erwartungen und Interessen, Meinungsverschiedenheiten und fehlende Sympathie genügend Anlass für einen Konflikt.

Wenn die Meinungen auseinandergehen

Der Auslöser hierfür ist eine unterschiedliche Wahrnehmung und Beurteilung. Im alltäglichen Sprachgebrauch nennen wir diesen Konflikt Meinungsverschiedenheit. Jeder sieht seine Sichtweise als die richtige an und versucht den anderen davon zu überzeugen. Dies passiert, wenn mehrere Menschen ein und dieselbe Situation, dasselbe Verhalten, den gleichen Sachverhalt oder Vorgang völlig anders wahrnehmen.

Ein neuer Mitarbeiter stellt sich seinen Kollegen vor. Dabei unterlässt er es, ihnen die Hand zu geben. Für den einen Kollegen ist dies ein übler Fauxpas, für einen anderen ein Grund zum Schmunzeln, während es dem dritten Kollegen erst gar nicht auffällt. Nachdem der Neue das Büro wieder verlassen hat, beginnt ein Streitgespräch über sein Verhal-

ten und seine Umgangsformen. Die Meinungen der drei Kollegen gehen dabei weit auseinander.

Ein und dieselbe Situation wird dreimal unterschiedlich wahrgenommen. Aus diesem Grund fällt auch die Beurteilung des Verhaltens jeweils anders aus. Die Wahrnehmung wird beeinflusst von verschiedenen Werten, kulturellen Unterschieden und Weltanschauungen. Ähnlich wie in Beziehungskonflikten beruhen Meinungsverschiedenheiten zum großen Teil auf reinen Gefühlsentscheidungen. Eine moralische Beurteilung ist keine Vernunftseinscheidung. Es gibt keinen ‚vernünftigen' Grund, warum der neue Kollege den anderen die Hand geben oder nicht geben sollte. Alle Gründe, die dafür oder dagegen sprechen, entstammen nur den jeweiligen Wertvorstellungen. Dennoch sind die einzelnen Parteien felsenfest davon überzeugt, dass ihre Beurteilung jeweils auf objektiven Fakten beruht, während sich die anderen auf falsche Sichtweisen stützen. Diese Haltung führt im Übrigen auch zu ideologischen Konflikten, wie wir sie bei Auseinandersetzungen zwischen Völkern immer wieder erleben.

▸ Tipp:

Der größte Fehler bei Konflikten um unterschiedliche Meinungen und Wertvorstellungen ist es, wenn versucht wird, eine inhaltliche Einigung zu erzielen. Unterschiedliche Wertvorstellungen lassen sich nicht zu einer ‚Einheitsmeinung' zusammenführen. Entsprechende Versuche enden zumeist im gegenseitigen Missionieren.

Wir müssen akzeptieren, dass unterschiedliche Meinungen und Werte existieren. Hier ist Toleranz das Mittel zur Konfliktentschärfung. Unterschiede zwischen Meinungen und Wertvorstellungen müssen nicht gleich zum Ausbruch eines Konfliktes führen. Sie bieten den Boden für Konflikte, dienen als begehrte Anlässe, sind aber nicht dafür verantwortlich, wenn dieser Konflikt eskaliert. So etwas passiert immer nur dann, wenn wir uns nicht damit abfinden können, dass jemand eine andere Sichtweise hat und es uns an Toleranz mangelt. Die Auseinandersetzung dient also nicht dazu, eine einheitliche Ansicht zu erzielen, sondern es geht darum, gemeinsam festzuhalten, wo die Unterschiede liegen. Ziel ist, über das Verhalten, das zu individuellen Störungen führt, einen Kompromiss zu finden. Dieses Aufeinanderzugehen wird jedoch erst auf der Grundlage von Toleranz möglich.

Wenn Interessen und Ziele aufeinanderprallen

Unterschiedliche Interessen rufen schnell Konflikte hervor. Dies ist immer dann der Fall, wenn sie gegensätzlich und nicht vereinbar sind. So können Sie nicht einschlafen, weil Ihr Nachbar ein Fest feiert und laute Musik spielt. Ihr Interesse ist es, ruhig zu schlafen, Ihr Nachbar dagegen möchte gern ausgelassen und lautstark feiern. Jetzt liegen Sie im Bett und denken: Ich würde so gern schlafen... In welche Richtung Ihre Gedanken nun gehen, ist abhängig von weiteren Faktoren: Wie wichtig ist es für Sie, morgen früh ausgeschlafen zu sein? Wie sympathisch finden Sie Ihren Nachbarn? Wie viele Feiern haben Sie schon auf Kosten der Nachtruhe Ihres Nachbarn ausgerichtet? Wie häufig feiert der andere und so weiter. Ob der Konflikt ausbrechen wird, hängt von den Antworten auf diese Fragen ab. Vielleicht bleiben Sie im Bett liegen und denken: „Na, das ist wohl die Revanche für meine letzte Party. Wie gut, das der nicht so oft feiert". Sie ziehen sich die Decke über den Kopf und versuchen das Beste daraus zu machen. Damit bleibt der Konflikt im Anfangsstadium hängen und wird erst wieder bei der nächsten Feier ausgepackt. Vielleicht reagieren Sie aber auch wütend und rufen beim Nachbarn an, um sich über die Lautstärke zu beschweren, weil Sie morgen früh einen wichtigen Termin haben und Ihr Nachbar Ihnen schon länger auf die Nerven geht. Mit dieser Reaktion beginnt die Eskalation des Konfliktes.

▸ Tipp:

Bei einem Interessenskonflikt liegt der erste Schritt zur Lösung darin, die unterschiedlichen Interessen zu benennen. Dazu gehören auch die jeweiligen Bedürfnisse, Wünsche, Befürchtungen und Ziele. So legen wir unsere Motive, warum wir uns in einer bestimmten Weise verhalten, offen und unser Handeln wird nachvollziehbarer.

In unserem Beispiel rufen Sie beim Nachbarn an und erklären, warum Sie dringend ihren Schlaf benötigen. Auch wenn Sie der Meinung sind, dass dies Ihren Nachbarn nichts angeht, hilft es ihm doch, Sie zu verstehen. Es fällt ihm leichter, Ihnen entgegenzukommen. Wenn er stattdessen nur Kritik an seinem Verhalten erhält, bekommt er zwar Ihren Unmut zu spüren, kennt jedoch nicht Ihre Motive für Ihre Beschwerden.

Bevor Sie zum Telefonhörer greifen und eventuell doch vor lauter Wut direkt loslegen, sollten Sie kurz über die Situation nachdenken. Fragen Sie sich: Worum geht es in diesem Konflikt überhaupt? Welche Interessen, Bedürfnisse und Befürchtungen hat mein Nachbar, welche habe ich? Damit berücksichtigen Sie Ihre Situation als auch in die Ihres Nachbarn. Diese kurze Vorbereitung öffnet Sie für die andere Seite. Damit entgehen Sie der Falle, mit der eigenen eingeschränkten Sichtweise in das Gespräch zu gehen.

Wenn der Weg zum Ziel nicht der gleiche ist

Bei diesem Konfliktanlass sind sich zwar alle über das Ziel einig. Aber die Parteien streiten über die Art und Weise, wie das Ziel erreicht werden soll.

Gudrun und Maria haben gemeinsam ein Teegeschäft aufgemacht. Mit Elan und Begeisterung sind sie bei der Sache. Im Moment profitieren sie von der guten Lage ihres Ladens, die ihnen die Laufkundschaft sichert. Sie haben sich jedoch zum Ziel gesetzt, in diesem Jahr mehr Stammkunden zu gewinnen. Gudrun möchte dies mit der Einführung einer Bonuskarte erreichen, die dem wiederkehrenden Kunden einen Preisvorteil bietet. Maria ist gegen Rabatte, sie möchte die Kunden durch Veranstaltungen rund um den Tee von sich überzeugen und zum erneuten Besuch des Geschäfts veranlassen.

Das Ziel ist klar und dennoch herrscht Uneinigkeit über die Vorgehensweise. Beide beurteilen die Möglichkeit, Kunden langfristig zu binden, unterschiedlich.

▸ **Tipp:**

Hier sollte man erst einmal alle Ideen ohne Bewertung sammeln. Im nächsten Schritt werden sie nach Durchführbarkeit, Budgetmöglichkeiten und Zeitressourcen geordnet. Erst wenn alle Ideen durchdacht sind und auf dem Tisch liegen, beginnt die Phase der Entscheidung.

Wenn die Beziehung zu Konflikten führt

Probleme im zwischenmenschlichen Bereich sind häufig Anlass für Konflikte. Hier spielen unsere Gefühle eine beherrschende Rolle. Selbst wenn es so aussieht, als existiere ein objektiver Anlass zum Konflikt, ist dieser zumeist nur vorgeschoben. Denn in Wirklichkeit geht es darum, dass wir jemanden nicht leiden können. Gerade im beruflichen Alltag ist dies ein unerwünschtes Verhalten. Daher versuchen wir uns sachlich zu rechtfertigen und andere Gründe vorzuschieben. Vielleicht, weil wir uns es selbst nicht eingestehen wollen, dass wir uns so sehr von unserer Antipathie leiten lassen.

Es gibt zwei typische Auslöser, die zu Beziehungskonflikten führen:

- Von Beginn an fehlt die Sympathie, die Persönlichkeiten harmonieren nicht miteinander.
- Es ist etwas vorgefallen, das bei den Parteien (zumindest bei einer) zur Verstimmung geführt hat.

Stefan und Bernd arbeiten schon lange in der gleichen Firma und teilen sich ein Büro. Vor einiger Zeit haben sich die beiden Freunde zerstritten. Nun leben sie schon mehrere Wochen nebeneinander her. Bernd empfindet es als sehr belastend, jeden Tag mit Stefan zusammenzuarbeiten. Er hält die schlechte Stimmung nicht mehr aus und will in ein anderes Büro wechseln. Dabei möchte er aber nicht zugeben, dass ihm die Situation so zusetzt. Stattdessen beginnt Bernd eine Auseinandersetzung über das Rauchen, denn sein ehemaliger Freund raucht seit Jahren im Büro. Bernd setzt sich dafür ein, dass Büros rauchfrei bleiben, sobald ein Nichtraucher dort arbeitet. Mit einer Gruppe von Gleichgesinnten starten sie eine Kampagne gegen die Raucher im Unternehmen.

Die eigentliche Ursache, der Beziehungskonflikt, verschwindet hinter dem vorgeschobenen neuen Konflikt, der Kampagne gegen das Rauchen im Büro. Damit wird der eigentliche Konflikt von Bernd und Stefan jetzt auf einer anderen Ebene ausgetragen.

Jeder Konflikt, völlig gleich, um welchen Anlass es sich handelt, belastet die Beziehung. Selbst vormals völlig sachliche Auseinandersetzungen wandeln sich schnell in einen Beziehungskonflikt. Denn auch sachliche Differenzen werden zumeist von negativen Gefühlen begleitet. So kann es sich auch in unserem Beispiel mit dem Konfliktfall „Fete beim Nachbarn" entwickeln. Im Grunde geht es hier nur um gegensätzliche Interessen. Kein Grund, wütend zu werden. Und dennoch, die Vorstellung, morgens unausgeschlafen zu sein, einen ignoranten Nachbarn zu haben, der nur an sich denkt und die Erinnerung an alte Vorkommnisse mit ihm, lassen schnell die negativen Emotionen wachsen. Beim Nachbarn das gleiche Spiel: Unverständnis gegenüber so wenig Toleranz und die Unterstellung, dass ihm kein Spaß gegönnt wird, kann auch bei ihm Ärger hervorrufen. Diese negativen Gefühle belasten die nachbarliche Beziehung und führen zu Kämpfen auf anderen Ebenen mit meist langfristigen negativen Folgen.

▸ Tipp:

Grundsätzlich gilt: Wer versucht, den anderen zu verändern, wird den Konflikt nur weiter anfachen. Stört uns die Persönlichkeit eines anderen, sollten wir aufhören, uns daran zu reiben. Vielmehr ist es sinnvoll, unseren Frieden mit der Andersartigkeit zu machen und zu lernen, sie so zu akzeptieren, wie sie ist. Auch auf das Verhalten des anderen haben wir oft nur begrenzt Einfluss. Besser ist es, nicht das Unmögliche zu fordern, sondern in Kompromissen und Vereinbarungen zu denken.

Der Fall von Bernd und Stefan zeigt, dass es schädlich sein kann, die Gefühle in Beziehungskonflikten hinter sachlichen Begründungen zu verstecken. Es führt häufig nur zu einer Verlagerung des Konflikts und trägt nicht zur Lösung bei. Ein offenes Wort über die eigenen Gefühle und Befürchtungen kostet zwar zunächst Überwindung, führt aber zur Erleichterung und zur Lösung des Problems. Wenn Bernd offen seine Gründe nennt, warum er nicht mehr mit Stefan in einem Büro arbeiten möchte, fällt Stefan höchstwahrscheinlich sogar ein Stein vom Herzen, weil er sich auch nicht mehr wohl gefühlt hat. Wichtig ist, dass beide für die nächste Zeit ein Arrangement treffen, wie sie miteinander umgehen wollen. Auf diese Weise hätte Bernd sich und seinen Kollegen einen weiteren Konflikt erspart.

Wenn es Streit um die Verteilung gibt

Ressourcen sind knapp, daher versucht jeder, etwas vom Kuchen abzubekommen. Unter Ressourcen sind materielle Dinge wie Geld, Güter und Positionen zu verstehen, es kann sich aber ebenso um immaterielle Dinge wie Anerkennung, Aufmerksamkeit und Zuneigung handeln.

Der Arbeitsalltag ist reich an Verteilungskonflikten: Kampf um die neue Stelle, die Position des Teamleiters, das größte und schönste Büro, der Dienstwagen, das Lob des Vorgesetzten oder die öffentliche Anerkennung. Doch auch im privaten Bereich finden sich Beispiele. So streiten sich Geschwister um die Zuneigung ihrer Eltern, Erben um den Nachlass, Nachbarn um die Äpfel des Baumes an der Grundstücksgrenze. Manchmal geht es auch um Sachen, die keiner haben will, aber einer übernehmen muss: Wer trägt die Verantwortung für das gescheiterte Projekt? Wer reinigt das Treppenhaus? Wer übernimmt die Spätschicht am Freitag? Ein ‚schwarzer Peter' führt ebenso zum Verteilungskonflikt.

Um die Verteilung der Ressourcen werden Machtkämpfe ausgetragen. Dies kann auf unterschiedliche Weise erfolgen. Eine Variante besteht darin, einen offenen Kampf um das begehrte Objekt zu führen. Oder man versucht, mit Manipulation und Verbündeten das Objekt der Begierde zu erhalten, möglicherweise über die Ausübung von moralischem Druck zum Ziel zu gelangen. Gewinnt eine Person diesen Machtkampf auf die eine oder andere Art, so ist der Konflikt nur kurzfristig beigelegt. In der Regel tauchen nun Folgekonflikte auf, da der Verlierer sich getroffen fühlt, vielleicht sogar einen Gesichtsverlust erlitten hat und sich mit seiner Niederlage nicht abfinden kann. Dies führt häufig zur Rache und damit zu weiteren Konflikten, durchaus auch auf ganz anderen Ebenen.

Tipp:

Wer etwas zu verteilen hat, sollte sich immer bewusst sein, dass dies Konflikte hervorrufen kann. Egal, ob Sie als Eltern, als Freund oder als Vorgesetzter über Ressourcen wie Güter, Zeit und Zuneigung verfügen, achten Sie auf erste Anzeichen von drohender Konfliktgefahr. Lassen Sie nicht zu, dass die anderen sich irgendwie selbst einigen, sonst begünstigen Sie es, dass immer nur der Stärkere gewinnt. Verteilen Sie stattdessen ganz bewusst das, was Sie zu vergeben haben. Wenn Sie zwei Kinder haben, werden Sie auch darauf achten, dass nicht immer nur das Kind Ihre Aufmerksamkeit erhält, das am lautesten nach Ihnen ruft. Das stillere Kind benötigt das gleiche Maß an Aufmerksamkeit.

Wenn die Rollen sich widersprechen

Immer wieder kommt es zum Konflikt, wenn wir mehrere Rollen übernehmen, die von uns unterschiedliche Verhaltensweisen einfordern. Je mehr sich diese Rollen dabei in die Quere kommen, umso stärker wächst das Konfliktpotenzial.

Ingrid ist seit vielen Jahren Teamleiterin der Buchhaltung. Nachdem es innerhalb der Firma Neustrukturierungen gegeben hat, ist Sabine aus einer anderen Abteilung zu ihr gekommen. Dem Wechsel haben beide mit gemischten Gefühlen entgegengesehen, da sie seit Jahren gut befreundet sind und noch nie im Team in unterschiedlichen Hierarchien zusammengearbeitet haben.

Dies ist ein klassisches Beispiel für einen möglichen Rollenkonflikt. Beide sind konfrontiert mit jeweils sehr unterschiedlichen Rollen. Ingrid muss zum einen ihrer Rolle als Führungskraft mit Kompetenzen und Macht gerecht werden, zum anderen ihrer Rolle als Freundin. Dagegen hat Sabine die Aufgabe, die Mitarbeiterin und Freundin in sich zu vereinen. Im beruflichen Alltag ist ihnen der Umgang mit den unterschiedlichen Rollen recht leicht gefallen. Doch jetzt stehen die Beurteilungsgespräche an. Da Sabine durch den Wechsel in die Buchhaltung noch erhebliche fachliche Lücken hat, sieht sich Ingrid gezwungen, dies im Gespräch für die Beurteilung zu berücksichtigen. Allerdings weiß sie, dass Sabine Schwierigkeiten mit der Annahme von Kritik hat. Wie soll sie sich nun gegenüber ihrer Freundin verhalten? Wie kann sie beiden Rollen hier gerecht werden?

▸ **Tipp:**

Bei einem Rollenkonflikt hilft es, sich den unterschiedlichen Ansprüchen bewusst zu werden. In diesem Beispiel ist es wichtig, von vorneherein offen miteinander über mögliche Konflikte zu sprechen und sich über die eigenen Ängste und Erwartungen auszutauschen. Wenn Ingrid und Sabine frühzeitig wissen, was sie voneinander erwarten, welche Ängste und Hoffnungen sie haben, hilft dies, spätere Missverständnisse zu verhindern. Auch das Aufstellen von Regeln für den Umgang miteinander verhindert Irritationen im Umgang miteinander.

Wenn Grenzen gezogen werden

Eine sichere Konfliktquelle stellt das Nein sagen dar. Immer wieder sind wir gezwungen, selbst eine Grenze zu ziehen oder uns mit einer Grenze abzufinden. Wir sagen nein, weil wir etwas nicht leisten können oder nicht wollen. Dies ist immer auch Anlass für einen Konflikt. Ich will etwas, aber ich bekomme es nicht. Der eine will etwas, der andere lehnt ab. In diesen Situationen treffen zwei gegensätzliche Aussagen aufeinander, die schnell zum Konflikt führen.

Stefan bittet Max seine Schicht zu übernehmen. Max hat schon etwas anderes vor und sagt nein. Daraufhin ist Stefan enttäuscht, weil er schon oft kurzfristig für Max eingesprungen ist, obwohl auch er immer etwas anderes zu tun hatte. Er nimmt sich vor, wenn Max ihn das nächste Mal wieder um Hilfe beim Schichttausch bittet, auch einmal nein zu sagen.

Stefan nimmt das Nein von Max persönlich und interpretiert es als fehlende Hilfsbereitschaft. Er beschließt, seine Konsequenzen daraus zu ziehen. So schnell wird aus einem einfachen Nein ein weit reichender Konflikt mit negativen Folgen.

Tipp:

Es muss sich nicht ausschließen: eigene Bedürfnisse durchzusetzen und die Bedürfnisse der Mitmenschen anzuerkennen. Jeder Mensch will ernst genommen und respektiert werden. Wenn dieses Bedürfnis nicht erfüllt wird, kommt es zum Konflikt. Aber diesen Wunsch nach Anerkennung zu erfüllen, heißt nicht, sich selbst und seine eigenen Wünsche und Bedürfnisse immer hintanzustellen.

Gerade dann, wenn Sie sich anderen gegenüber abgrenzen wollen, eine Bitte ablehnen oder einer Forderung nicht nachkommen wollen, erfüllen Sie die Bedürfnisse des anderen nicht. Umso wichtiger ist es, dass er sich an dieser Stelle trotzdem ernst genommen fühlt. Sie können selbstverständlich eine Bitte ablehnen. Signalisieren Sie dadurch aber nicht, dass Sie den ganzen Menschen ablehnen oder seinen Angelegenheiten gleichgültig gegenüberstehen.

Mit der folgenden Strategie schaffen Sie es, freundlich nein zu sagen:

- *Zeigen Sie Mitgefühl*

Auch wenn es etwas übertrieben klingt. Mit jemandem mitfühlen zeigt, dass Sie ihm gegenüber nicht gleichgültig sind. Sie verneinen eine Bitte oder Forderung, Sie grenzen sich ab, zeigen aber gleichzeitig, dass Sie durchaus Verständnis für seine Situation haben. Das sind Streicheleinheiten für Ihr Gegenüber. Natürlich können Sie darauf verzichten, vielleicht sagen Sie sich in manchen Momenten, zu dem will ich jetzt nicht nett sein. Aber denken Sie dabei auch an Ihren eigenen Vorteil. Mit einem Nein gehen Sie immer in eine Konfliktsituation. Die können Sie sich selbst leichter oder schwerer gestalten.

Mit Formulierungen wie: „Es tut mir leid...", „Leider...", „Entschuldigung...", „Ich verstehe, dass Sie..." können Sie Verständnis und Mitgefühl ausdrücken. Wichtig ist hierbei auch der Tonfall des Gesagten. Sie können „Es tut mir leid, dass ich Dir nicht helfen kann" ganz unterschiedlich aussprechen. Wenn man etwas bedauert, sollte es auch ernst gemeint klingen. Ansonsten verwenden Sie bloß eine Floskel und diese wird beim anderen auch als solche ankommen.

Vorsicht vor Formulierungen wie: „Ich würde ja gern, aber...", „Nichts lieber als das, aber...". Wer oftmals auf diese Weise eine Verneinung einleitet, macht sich unglaubwürdig. Nach dem Motto: Wenn er könnte, wie er wollte, aber er kann ja nie. Zumal sich der andere noch bei den ersten Worten freut, das ‚aber' enttäuscht ihn dafür dann umso mehr. Nicht immer ist es sinnvoll, Bedauern zu zeigen. In manchen Situationen werden Sie es auch einfach nicht wollen. Je nach Bitte oder Forderung ist es schon ausreichend, Interesse an der Angelegenheit des anderen zu signalisieren, damit Ihr Nein nicht gleichgültig wirkt.

- *Formulieren Sie ein eindeutiges Nein*

Wenn Sie Ihre Mitmenschen nicht Rätsel raten lassen wollen, reden Sie nicht um den heißen Brei herum. Sagen Sie direkt, ob Sie zustimmen oder ablehnen. Das ist nicht nur für Sie effektiver, es ist auch für den anderen angenehmer, wenn er direkt weiß, woran er ist. Dabei sollten Sie das Wort Nein nicht direkt an den Anfang stellen, es lässt jeden Satz hart klingen. „Nein, ich bin heute schon verabredet. Tut mir leid.“ Freundlicher und genauso effektiv klingt es, wenn Sie sagen: „Leider nein. Ich bin schon verabredet.“ Genauso gut können Sie auch auf das Nein verzichten und umschreiben: „Es tut mir leid. Heute kann ich nicht. Ich bin schon verabredet.“ Das Nein sollte auch nicht ganz am Ende einer wortreichen Erklärung ausgesprochen werden. Sonst macht sich der Gesprächspartner bis zuletzt Hoffnungen auf eine Zustimmung.

- *Geben Sie eine Begründung*

Hier kommen wir zum wichtigsten Punkt. Ohne Begründung Ihres Neins können Sie nicht auf das Verständnis Ihres Gegenübers hoffen.

Schon Kinder geben sich nicht gern ohne Erklärungen zufrieden. Wir Erwachsene mögen dieses Verhalten ebenso wenig. Damit wir einander verstehen können, sind Erklärungen notwendig. Nun gibt es aber genügend Situationen, in denen Sie die wahren Gründe für die Ablehnung nicht äußern wollen. Was nun? Gute Ausrede erfinden? Manchmal kommen wir nicht darum herum. Es sollte jedoch nicht zur Gewohnheit werden, ständig mit Ausreden zu hantieren. Wenn Sie merken, dass Sie gegenüber bestimmten Personen oder in gewissen Situationen nur noch Ausreden verwenden, dann probieren Sie es doch einmal wieder mit der Wahrheit. Man kann auch die Argumente „Dazu habe ich keine Lust“ oder „Das tue ich aus Prinzip nicht“ verwenden.

- *Zeigen Sie Alternativen auf*

Viele Situationen schreien geradezu nach einer alternativen Lösung. Sie möchten ein bestimmtes Produkt im Geschäft kaufen. Die Verkäuferin klärt Sie auf: „Leider führen wir das Produkt nicht mehr“ und lässt Sie wortlos stehen. „Und was mache ich jetzt?“ denken Sie sich. Bestimmt kommt Ihnen dieses Beispiel bekannt vor. Die Situation erfordert eine Lösung. Warum bietet die Verkäuferin keine Alternative an? Aus Zeitnot? Oder aus Gleichgültigkeit? Alternativen aufzuzeigen, vermittelt dem anderen, dass Sie wirklich Interesse an seiner Person oder Situation haben und weiterhelfen wollen. Allerdings kostet es auch Ihre

Zeit, sich mit dem Thema weiter zu beschäftigen. Sie werden im Einzelfall entscheiden müssen, ob Sie diese dafür einsetzen wollen.

3.3 Wie Konflikte eskalieren

Es sollte ein schöner Abend werden. Die beiden Freundinnen Anna und Ute treffen sich zum Abendessen, um den gemeinsamen Urlaub im Detail zu planen. Eigentlich war alles schon abgesprochen: zwei Wochen Tauchen im roten Meer. Anna hat sich in den letzten Wochen intensiv auf die Suche nach guten Angeboten gemacht und will diese heute der Freundin vorstellen. Doch Ute hat zur Annas Überraschung andere Prospekte mitgebracht, eine Reise mit dem Wohnmobil durch Kalifornien. Sie habe das Interesse am Tauchen verloren und möchte lieber ein bisschen von der Welt sehen, begründet sie ihren Vorschlag. Aus der daraufhin entstehenden Diskussion wird innerhalb weniger Minuten ein Wortgefecht mit gegenseitigen Angriffen. So klagt Anna: „Warum hast du denn nicht direkt gesagt, dass du keine Lust zu Tauchen hast? Da hätte ich mir die ganze Arbeit mit der Vorbereitung ja sparen können!" Ute kontert: „Ja, wenn du auch immer alles schon vorher bis aufs Genaueste planen musst, das geht mir eh schon lange auf die Nerven." Anna: „Ach, und wenn ich das Planen dir überlasse, dann ist der erste Urlaubstag gekommen und wir haben noch immer nicht gebucht, so unzuverlässig wie du bist!"

Ein Wort ergibt das andere, die Freundinnen schlittern in den Konflikt hinein. So hatten die beiden sich den Abend wohl nicht vorgestellt. Das Gefährliche an Konflikten ist, dass wir selten merken, wann er zu eskalieren beginnt. Plötzlich sind wir mitten im Streitgespräch und haben das Gefühl, alles läuft aus dem Ruder. Wir lassen uns zu Äußerungen hinreißen, die wir nicht so meinen und tun Dinge, deren Wirkung wir nicht erzielen wollen. Aber irgendetwas in uns treibt den Konflikt weiter an. Es fällt uns schwer, ihn zu unterbrechen. Je länger er dauert, desto schwieriger wird es, eine schnelle Lösung zu erreichen. So kann es in diesem Fallbeispiel passieren, dass sogar die Freundschaft dem Konflikt zum Opfer fällt. Auch wenn das das Letzte ist, was Anna und Ute wollen.

Sache und Beziehung vermischen sich

Konflikte zwischen Menschen entwickeln sich. Es beginnt auf der Sachebene, zum Beispiel einer Meinungsverschiedenheit. Beim Ausbruch des Konflikts kommen Spannungen auf der Beziehungsebene hinzu. Ging es eben noch um unterschiedliche Meinungen, nehmen jetzt die negativen Emotionen deutlich zu. So wandelt sich der Ausspruch von der Sachebene: „Du verstehst mich nicht" in „Du willst mich nicht verstehen" der Beziehungsebene. Im Laufe der Konfliktentwicklung nimmt die eigentliche Sache an Bedeutung ab und der Streit auf persönlicher Ebene eskaliert.

Dies ist auch den beiden Freundinnen in unserem Beispiel passiert. Die Sachebene: „Wir haben unterschiedliche Meinungen darüber, wo wir unseren Urlaub verbringen wollen" vermischt sich mit der Beziehungsebene. Anna vermisst die Wertschätzung und Anerkennung ihrer Bemühungen seitens ihrer Freundin. Dies nimmt sie persönlich. Auch Ute reagiert auf der Beziehungsebene, indem sie Anna vorwirft, viel zu detailliert zu planen. Die Differenzen führen zu gegenseitigen Beleidigungen. Damit verlassen die beiden die Sachebene und verlieren die Kontrolle über die Situation.

Konflikte verlaufen in Stufen

Ein Konflikt nimmt stufenweise zu. Hier haben wir es mit Mechanismen zu tun, die von Vernunft und Kontrolle weit entfernt sind. Stattdessen sorgt ein Wechselspiel aus negativen Gefühlen, Interpretationen und der Fixierung auf den Konfliktpartner für eine eigene Dynamik. Es ist leicht, die nächste Eskalationsstufe zu erreichen. Dagegen ist es ein Kraftakt, der ihn wieder auf eine niedrigere Stufe zu bringen.

Erster Konfliktlevel: Einigung ist noch möglich

1. Stufe: Spannungen

Am Anfang stehen die unterschiedlichen Meinungen, Werte, Ziele oder Interessen, die aufeinanderprallen. Die Standpunkte verhärten sich, es gibt die ersten kleinen Angriffe oder Nadelstiche. Die Kommunikation gestaltet sich schwieriger, da auch die Wahrnehmung immer einseitiger wird. Unter den Parteien kommt es zu Verunsicherung und erstem Misstrauen.

In dem Beispiel mit Ute und Anna haben die beiden die erste Stufe der Eskalation bereits erreicht. Die Spannungen in ihrer Kommunikation sind deutlich zu bemerken. Auch die ersten kleinen verbalen Angriffe finden statt.

2. Stufe: Debatte

Der Konflikt verlässt immer mehr die Sachebene und wird auf der Beziehungsebene weitergeführt. Der Grad der Auseinandersetzung wächst, indem bevorzugt polarisiert wird und Schwarz-Weiß-Denken die Vorherrschaft übernimmt. Es beginnt der Kampf um die Überlegenheit in der Debatte. Die Kommunikation wird kälter und unfreundlicher, Seitenhiebe fallen heftiger aus. An dieser Stelle versuchen die Parteien andere mit einzubeziehen, Unterstützung für ihre Standpunkte zu sichern. Dadurch weitet sich der Konflikt aus.

In unserem Fallbeispiel könnte die Eskalation des Konfliktes zwischen Ute und Anna auch diese Stufe erreichen. Anna: „Also ich werde niemals in so ein furchtbares Wohnmobil steigen. Camping kommt für mich nicht in Frage. Auf jeden Fall will ich tauchen gehen!“ Ute: „Das ist ja wieder typisch, jetzt hast du dir alles bereits ausgemalt und willst dich nicht mehr auf etwas Neues einlassen. Du schaust dir ja noch nicht einmal meine Vorschläge an. Aber Claudia hatte mich ja schon gewarnt, dass es nicht leicht ist, mit dir Urlaub zu machen. Es muss immer alles nach deinem Kopf gehen. Also, das sage ich dir, tauchen gehe ich nicht!“

3. Stufe: Erste Handlungen

Die Debatte führte zu keiner Einigung. Daher erfolgen nun in dieser Stufe die ersten Handlungen. Mit dem Abnehmen der Kommunikation entstehen weitere Vorurteile und Missverständnisse. Das Verhalten der anderen Partei wird interpretiert und nicht mehr hinterfragt. Das Ergebnis der Beurteilung gerät zur sicheren Wahrheit. Die Parteien grenzen sich deutlich voneinander ab, Inhalte treten in den Hintergrund, die Empathie geht verloren. Die Erwartungen, im Gespräch zu einer beidseitigen Einigung zu kommen, nehmen ab.

In unserem Beispiel könnte nun eine der beiden die Diskussion abrupt beenden, indem sie aufsteht und geht. Jetzt findet keine Kommunikation mehr statt. Dies führt dazu, dass beide für sich das Verhalten der jeweils anderen interpretieren werden. Anna: „Ich wusste es doch gleich, dass Ute überhaupt keine Lust hat, mit mir Urlaub zu machen. Die hat sich doch nur nicht getraut, mir die Wahrheit zu sagen. Und jetzt dieses Spielchen.“ Ute: „Anna will nur wieder ihren Kopf durchsetzen, dabei geht es ihr nicht wirklich um das Tauchen.“ Die jeweiligen Interpretationen werden für Anna und Ute zur Tatsache.

Zweiter Konfliktlevel: Der Sieg ist das Wichtigste

4. Stufe: Suche nach Koalitionen

Der Konflikt weitet sich aus. Die Konfliktparteien suchen aktiv im Umfeld nach Verbündeten, die sie in ihrem Standpunkt unterstützen. Dazu setzt man Feindbilder von der jeweils anderen Konfliktpartei in die Welt. Um das eigene Gesicht zu wahren, wird die Glaubwürdigkeit des Konfliktgegners angegriffen. Diese Kampagnen laufen in der Regel noch hinter vorgehaltener Hand ab.

Sowohl Anna als auch Ute besprechen das Erlebte in ihrem Bekanntenkreis. Die jeweils einseitige Wiedergabe des Konflikts schafft Verbündete. Der Konflikt zieht jetzt weitere Kreise.

5. Stufe: Offener Angriff und Gesichtsverlust

Nun kommt es nur noch darauf an zu gewinnen. Dabei werden deutliche Anstrengungen unternommen, beim Konfliktgegner einen Gesichtsverlust zu erzielen. Die Kommunikation wird radikaler. Jede Partei erlebt sich selbst als unschuldig, den Gegner jedoch als Verursacher. Die eigenen negativen Beiträge sind nicht mehr zu erkennen. Deshalb nimmt sich jede Partei das Recht heraus, mit unfairen Mitteln zu kämpfen.

Ob es bei dem Konflikt von Anna und Ute so weit kommen wird, ist fraglich. Wenn sich der Konflikt bis zu dieser Stufe entwickelt hat, ist die Freundschaft bereits dermaßen beschädigt, dass sie wahrscheinlich nicht zu retten ist. Sollten die beiden nicht gezwungen sein, sich häufig zu sehen und miteinander umgehen zu müssen, endet der Konflikt mit Kontaktabbruch. Eine andere Situation tritt ein, wenn die beiden den gleichen Freundeskreis haben. Dann kann sich durchaus ein Kampf mit unfairen Mitteln um die Freunde entwickeln. Auf diese Weise verlieren beide völlig den sachlichen Grund ihres Konflikts aus den Augen. An seine Stelle tritt ausschließlich der Konflikt auf der Beziehungsebene.

6. Stufe: Ausstoß von Drohungen

Es werden Forderungen gestellt und bei Nichterfüllung mit Sanktionen gedroht. Dadurch erhöht sich der Druck weiter. Ein Kreislauf von Drohung und Gegendrohung wird in Gang gesetzt, gepaart mit dem Handlungszwang, umgesetzt werden zu müssen, um weiterhin Stärke zu demonstrieren. Je nach Position stellen sich Gefühle von Angst und Ohnmacht ein. Zugeständnisse und Einigung sind völlig aus dem Gesichtsfeld verschwunden. Eine Konfliktlösung aus eigener Kraft ist nicht mehr denkbar. Dafür hat das Selbstwertgefühl aller Beteiligten zu sehr gelitten. Die Verletzungen sind schon zu groß.

Sollte es zwischen Anna und Uta zu einem Kampf um den Freundeskreis gekommen sein, dann werden jetzt Drohungen ausgesprochen. Anna: „Wenn du dich nicht von Claudia fernhältst, dann werde ich ihr einmal einiges über dich erzählen…“

Dritter Konfliktlevel: Vernichtung des Gegners

7. Stufe: Erste Übergriffe

Wichtig ist jetzt, dass der Schaden beim anderen größer ist als der eigene. Um sich selbst zu schützen, versucht man, den Gegner an der Durchführung seiner Drohungen zu hindern. Doch noch immer achten die Konfliktparteien auf ihre eigene Existenz.

In unserem Beispiel reagiert nun Uta auf Annas Drohung mit Gegenwehr.

8. Stufe: Den Gegner vernichten

Jetzt geht es nur noch darum, den anderen zu zerstören, ohne selbst zerstört zu werden. Dies muss sich nicht auf den Menschen selbst richten. Häufig zielen die Angriffe auf das Umfeld, zum Beispiel auf den Arbeitsplatz.

So könnte Ute zum Beispiel versuchen, Anna in der Öffentlichkeit so in Misskredit zu bringen, dass sie die Wohnung oder die Arbeit verliert.

9. Stufe: Selbstvernichtung in Kauf nehmen

Konfliktparteien, die auf dieser Stufe angelangt sind, nehmen in Kauf, gegen ihre eigenen Interessen zu verstoßen. Hauptsache, sie können ihrem Gegner Schaden zufügen. So leiden beide Seiten.

In dieser letzten Stufe ist es Ute dann gleichgültig, wenn die Maßnahmen gegen Anna für sie selbst Schaden bedeuten würden.

Das Weiterspinnen des Fallbeispiels zeigt, wie weit Konflikte sich entwickeln können. Doch die meisten Konflikte bewegen sich innerhalb des ersten Konfliktlevels, in dem Einigung noch gut möglich ist.

4 Der Gruppenkonflikt

Bei Konflikten in der Gruppe gelten dieselben Voraussetzungen wie die im dritten Kapitel beschriebenen. Auch hier sind es oft Unterschiede, die das Verständnis für andere erschweren. Einstellungen und Bedürfnisse im Umgang mit anderen entscheiden im Gruppenkonflikt über den Konfliktverlauf und prägen die Handlungen des Einzelnen. Und es sind häufig die gleichen Anlässe, die eine Eskalation in den verschiedenen Phasen hervorrufen.

Beim Gruppenkonflikt kommen allerdings weitere Aspekte hinzu. Denn anders als bei Konflikten zwischen zwei Menschen sind beim Gruppenkonflikt, wie der Name schon sagt, immer mehrere Personen aktiv oder passiv beteiligt. Ab drei Personen wird die Bildung von Koalitionen und Ausgrenzung anderer möglich. Daher sind bei Gruppenkonflikten die Auswirkung von Macht und Kontrolle besonders deutlich zu spüren. So kommt es unter gleichberechtigten Gruppenmitgliedern wesentlich eindeutiger zu Machtdemonstrationen. Schließen sich zwei zusammen, dann hat der Dritte das Nachsehen. Diese deutliche Klärung der Machtverhältnisse und Kontrolle der Situation gibt es im Zweier-Konflikt unter Gleichberechtigten nicht.

4.1 Konflikte in der Dreierbeziehung

Wenn in einer Paarbeziehung eine dritte Person hinzukommt, entsteht Gefahr für Konflikte. Eine weitere Person bringt zum einen Veränderung durch die neuen Beziehungen, die die beiden zu ihr aufnehmen. Zum anderen hat sie auch Einfluss auf die bestehende Paarbeziehung. Kommt zu einem eingespielten Team eine dritte Person hinzu, verändert sich die Beziehung des Zweier-Teams und muss neu bestimmt werden. Wer übernimmt im neuen Dreier-Team welche Rollen, Kompetenzen, Aufgaben? Wer kann etwas besser oder schlechter? Wer wird mit wem mehr kommunizieren? Wer kann mit wem besser zusammenarbeiten?

Erst nach einiger Zeit werden diese Fragen beantwortet sein und die Gruppe hat sich neu sortiert.

Eine klassische Dreieckskonstellation bildet die Familie. Aus einem Paar wird mit der Geburt eines Kindes eine Dreierbeziehung. Die neuen Rollen, Mutter und Vater, die die Eltern dem Kind gegenüber einnehmen, haben auch Einfluss auf die Rolle als Frau oder Mann in der Paarbeziehung. Die Weiterentwicklung und Veränderung vom Paar zur Gruppe schafft Konfliktpotenzial.

Hauptmotiv Eifersucht

Laut Statistik ist das Hauptmotiv für Gewalttaten die Eifersucht. In Dreierkonstellationen sind Konflikte aus Eifersucht besonders häufig anzutreffen. Bei drei Personen entwickeln sich immer auch Paarbeziehungen, bei denen eine Person in gewissen Situationen nicht eingeschlossen ist. Bleiben wir beim Beispiel der Familie. Ein Kind versucht automatisch, die Zweisamkeit und intensive Kommunikation der Eltern zu stören. Es drängt sich dazwischen, um nicht ausgeschlossen zu sein, um die Aufmerksamkeit auf sich zu lenken. Die Gefahr, in einer Dreiergruppe außen vor zu sein, erzeugt negative Gefühle. Eine Paarbeziehung führt in dieser Konstellation daher leicht zur Eifersucht. Dahinter stehen immer folgende Fragen: Wieso nicht ich? Welche Bedeutung hat der andere? Bin ich nicht so wertvoll oder wichtig?

4.2 Konflikte in der Gruppe

Auch in größeren Gruppen gibt es Gerangel um Zugehörigkeit und Anerkennung durch die anderen Gruppenmitglieder. Hier stellt sich die Frage: Wer gehört zu unserer Gruppe, wer nicht?

Jeder, der schon einmal die oder der Neue in einer Gruppe gewesen ist, wird dieses Phänomen kennen. In eine Gruppe aufgenommen zu werden, die geltenden Spielregeln zu erfahren, zu wissen, welche Grundüberzeugungen vorherrschen, kann mitunter eine ganze Zeit dauern. So übernimmt der Neue zuerst einmal die Rolle des Außenseiters. Durch ihn ist die Gruppe gezwungen, sich neu zu formieren. Die Rollen in der Gruppe werden anders verteilt oder bestätigt; Aufgaben, Kompetenzen und Machtverhältnisse werden in Frage gestellt und neu geordnet.

Wenn die Gruppe Zuwachs bekommt

In der Familie kommt es mit jedem weiteren Familienzuwachs zu dieser Neuverteilung. Bei der Ankunft eines zweiten Kindes muss sich das erste Kind in die neue Rolle des älteren Geschwisters erst hineinfinden. Wie konfliktreich dies sein kann, können viele Eltern bestätigen. Das gleiche passiert, wenn plötzlich ein Großelternteil bei der jüngeren Generation mit einzieht. Die früheren Rollen und Aufgaben verändern sich, das geht selten ohne Konflikte ab. Wer sorgt für den Haushalt? Wer hat mehr Ahnung von der Erziehung der Kinder? Wer hält sich in welchen Räumen auf? Wer hat worin Mitspracherecht? Die vorherige Rolle der ‚Besuchs-Oma' ändert sich schnell, wenn die Familie jeden Tag zusammen verbringt.

Besonders deutlich werden die Konflikte, wenn jemand neu in eine Abteilung oder eine Arbeitsgruppe kommt. Die Ankunft eines Neuen sorgt immer auch für Emotionen. Wie wird die Eingliederung gelingen? Wird sich der Mitarbeiter leicht anpassen? Welche Erwartungen bringt er mit? Was wird er für das Team, für die gemeinsame Arbeit leisten können? Bis sich das Beziehungsgeflecht wieder ausbalanciert hat, steht der neue Mitarbeiter häufig außen vor. Daher ist es ein verständliches Verhalten, dass die meisten Menschen sich erst einmal mit ihren Meinungen und Ansprüchen im neuen Team zurückhalten. In der Regel sind beide Seiten am Anfang sehr vorsichtig im Umgang miteinander, um Konflikte zu vermeiden. Leider verhindert die gegenseitige Vorsicht nur allzu oft die erforderliche Offenheit und den Austausch von Meinungen, so dass sich der Prozess der Integration verlängert.

Die fällige Neusortierung, wenn eine Person aus dem Team oder in das Team genommen wird, kann sich über Monate hinziehen. Das Team beschäftigt sich in dieser Zeit hauptsächlich mit sich selbst. Die Energien der Mitarbeiter werden benötigt, um die inneren Strukturen wieder aufzubauen und die auftauchenden Konflikte zu lösen. Diese Neuaufstellung kostet alle Beteiligten viel Kraft, Motivation und Zeit. Die Arbeitsleistung verringert sich. Wenn dann bei noch nicht abgeschlossenem Eingliederungsprozess erneut eine personelle Veränderung ansteht, kommt das Team gar nicht zur Ruhe. Daher ist es wichtig, die Eingliederung neuer Teammitglieder bewusst anzugehen, bevor sich wieder alles verändert.

Ich habe ein Team erlebt, das innerhalb von drei Jahren vier Umstrukturierungen mit Personalwechseln erlebt hat. Die Folgen waren fehlender Zusammenhalt und mangelnde Identität. Am Ende der drei Jahre kam es zum Eklat: Innerhalb von vier Wochen verließen zwei Führungskräfte das Team und eine weitere personelle Umstrukturierung stand auf dem Plan, ohne dass die vorherigen abgeschlossen waren. Seither besteht diese Gruppe hauptsächlich aus Einzelkämpfern und Untergruppen. Von dem Gefühl, zusammenzugehören und eine Einheit zu bilden, hat sich das Team weit entfernt.

Wenn sich Grüppchen bilden

Die Bildung von Grüppchen innerhalb eines Teams kündigt Konflikte an. Das Zusammengehörigkeitsgefühl kann empfindlich gestört werden, wenn einzelne Mitglieder sich zu Untergruppen von zwei bis drei Personen zusammenschließen. Dies ist auch ein Merkmal von Auflösungstendenzen einer Gruppe. Die Gruppe in der Gruppe hat für das Gesamtteam immer etwas Bedrohliches. Sie verbindet etwas, woran die anderen keinen Anteil haben.

Seit einiger Zeit gehen Markus, Silvia und Steffen mittags zusammen essen. Bei Besprechungen sitzen sie gemeinsam in der gleichen Ecke, bleiben an denselben Tagen zusammen länger in der Firma und unternehmen auch am Abend öfter etwas zusammen. Den anderen in der Abteilung fällt dieser Zusammenschluss natürlich auf. Zuerst nehmen ihn alle als harmlose freundschaftliche Bande wahr. Aber vermehrt kommt es zu Auffälligkeiten. So sieht man die drei am Ende einer Besprechung noch zusammenstehen und reden. Kommt ein anderer vorbei, verstummt das Gespräch. In den Besprechungen vertreten sie immer die gleiche Meinung. Außerdem fragen sie nie, ob mal jemand aus der Abteilung Lust hätte, am Abend einmal mitzukommen oder gemeinsam Mittag zu machen. Sie scheinen sich von der Abteilung zurückzuziehen und machen ihr eigenes Ding. Die anderen fühlen sich verunsichert: Worüber reden die drei? Haben sie andere Informationen? Was denken sie über uns? Haben sie sich abgesprochen?

Schreitet die Entwicklung in unserem Beispiel weiter fort, dann kann das abspaltende Verhalten zu weiteren Konflikten in der Abteilung führen:

- Die Gruppe spaltet sich in ein ‚Wir' und ‚Ihr'. Das gegenseitige Vertrauen nimmt dabei stetig ab. In der Abteilung bilden sich gegnerische Lager und es wird zwischen Freund und Feind unterschieden. Dabei wird die Luft im Team immer dicker, auch Außenstehende können die Spannungen jetzt spüren.
- Grundsätzlich ist immer eine der Partei dagegen, die andere dafür. Einigungen lassen sich nur noch mühsam erreichen und halten meist nicht lange vor.
- Wenn die Mehrzahl für eine Entscheidung ist und diese durchgesetzt wird, dann mauert das Grüppchen bei der Umsetzung.
- Die Kommunikation zwischen Gruppe und Grüppchen wird zunehmend schwierig, da Informationen nur noch strategisch gegeben werden. Es kommt zu Missverständnissen.

Wenn Gruppendruck entsteht

In jeder Gruppe existieren bestimmte Verhaltensnormen. Sie legen fest, wie sich der Einzelne in der Gruppe zu verhalten hat, was erlaubt und verboten ist und wie die Interessen des Einzelnen behandelt werden. Zusätzlich hat jede Gruppe einen eigenen Filter, durch den sie Dinge wahrnimmt und bewertet. Wenn gegen diese Regeln verstoßen wird, kommt es zu Konflikten. Die Gruppe übt Druck aus, um die Einhaltung ihrer Verhaltensregeln zu erzwingen. Dies kann bis zum Ausschluss aus der Gruppe führen.

Thomas verlässt als einziger immer pünktlich seinen Arbeitsplatz. Dies ist in seinem Betrieb nicht üblich. Die anderen Kollegen richten ihre Arbeitszeit nach dem Kundenandrang aus und bleiben meistens deutlich länger. So übernehmen die Kollegen auch die Kunden von Thomas, wenn sie nach seinem Feierabend noch zu ihm wollen. Nachdem Thomas trotz einiger Hinweise der Kollegen dieses Verhalten nicht ändert, beginnen die Kollegen Thomas aus der Informationskette auszuschließen. Als er aus einem Urlaub zurückkommt, sagt ihm niemand, dass nach Feierabend eine Besprechung mit dem Abteilungsleiter angesetzt ist. Thomas geht wie gewohnt pünktlich nach Hause und versäumt das Meeting.

Der Ausschluss von Informationen ist eine beliebte Strafaktion gegen Gruppenmitglieder. Wer nur ungenügende Informationen zur Verfügung hat, wird automatisch Fehler machen, für die er sich dann beim Vorgesetzten rechtfertigen muss. Auf diese Weise muss die Gruppe nicht aktiv werden, es reicht schon ein Unterlassen.

72 Wenn es zum Machtkampf kommt

In jeder Gruppe gibt es Mitglieder, die eine mächtigere, eine einflussreichere Position als andere innehaben. Dies gilt beispielsweise für eine Führungskraft. Allerdings gibt es auch Macht jenseits der Hierarchie. Einzelne Teammitglieder übernehmen, fernab jeder offiziellen Führungsfunktion, durchaus eine stärkere Position in der Gruppe, da sie zum Beispiel über mehr Wissen als andere verfügen oder sich besser durchsetzen können. Macht hat in einer Gruppe aber nur der, der von den anderen Teammitgliedern auch als mächtig empfunden wird.

Hier bieten sich zwei Möglichkeiten für Konfliktpotenzial:

- Mitarbeiter stellen die Machtfähigkeit der Führungskraft in Frage.

  So erwarten die Mitarbeiter von ihrer Führungskraft ein gewisses Maß an Durchsetzungsfähigkeit, sowohl innerhalb der Gruppe, als auch nach außen. Häufig kommt es zu Konflikten, wenn eine Führungskraft diese Fähigkeit für die Mitarbeiter nicht erkennen lässt. In diesem Fall wird die Führungsposition und Fähigkeit des Vorgesetzten in Frage gestellt.

  Die Leiterin eines Teams zeichnet sich durch besonders viele kreative Ideen und partnerschaftliche Zusammenarbeit mit ihren Mitarbeitern aus. Das Team entwickelt mit ihr immer wieder innovative Ideen. Doch seltsamerweise setzt sich keine dieser Ideen im Unternehmen durch. Stattdessen kommt die Teamleiterin nach jedem Treffen mit der Geschäftsleitung mit neuen Verbesserungsvorschlägen zurück. Die Mitarbeiter sind enttäuscht und kritisieren hinter vorgehaltener Hand ihr fehlendes Durchsetzungsvermögen. Dabei stellen sie ihren Führungsanspruch in Frage.

- In einer Gruppe gibt es Kampf um Macht und Position.

  Es kommt zum Konflikt, wenn jemand die Machtposition eines anderen für sich beansprucht.

  So ist ein Mitarbeiter im Kundendienst seit vielen Jahren inoffiziell für die schwierigen Reklamationsfälle zuständig. Da er sehr gut mit Menschen umgehen kann, haben alle anderen Mitarbeiter ihm automatisch ihre Problemfälle zugeschoben. Doch nun hat das Team Unterstützung durch einen jungen Kollegen bekommen, der schwierige Situationen ebenfalls bestens bewältigt. Da er die Herausforderung zudem noch sehr schätzt, will er sich auf diesem Feld profilieren. Der langjährige Mitarbeiter spürt, wie er seine Machtstellung gegen den jungen Mitarbeiter verliert und setzt alles daran, ihn von den Reklamationen fernzuhalten.

Wenn wir uns miteinander vergleichen

Jeder von uns neigt dazu, sich mit anderen aus einer Gruppe zu vergleichen. Dabei ist es uns wichtig, dass dieser Vergleich gut ausfällt, wir uns gleichwertig oder überlegen gegenüber den anderen fühlen können. Auf diese Weise stärken und bestätigen wir unser Selbstbild. Wenn jedoch der Vergleich dauerhaft zu unseren Ungunsten ausfällt, kann es, vor allem bei starker Konkurrenz, zu Konflikten in der Gruppe kommen. Um unser in Frage gestelltes Selbstbild weiter aufrechtzuerhalten, sind Täuschungsmanöver, Rechtfertigungen oder das Vermeiden der Vergleichsmöglichkeiten mit anderen vorprogrammiert.

Manuela hat nach ihrem Studium einige Jahre sehr erfolgreich in der Marktforschung gearbeitet. Diese Erfolge verdankt sie ihrer Fähigkeit, Fragestellungen sehr objektiv von allen Seiten zu beleuchten. Ihre Leistung spricht sich herum und so nimmt Manuela das Angebot eines großen Unternehmens an, die Leitung einer Abteilung zu übernehmen. Neben ihr gibt es noch vier weitere Abteilungsleiter. Schon in den ersten Besprechungen fällt ihr auf, dass die vier schnelle Entschlüsse lieben. Ihre Art, erst alles von mehreren Seiten zu gründlich zu betrachten, scheint die anderen Abteilungsleiter zu belustigen. Diese respektlose Haltung verunsichert Manuela und so versucht sie den anderen den Nutzen ihrer Herangehensweise zu verdeutlichen. Blicke auf die Uhr, Unruhe und Andeutungen, was man noch alles zu tun hat, sind die Antwort. Manuelas Selbstbild gerät ins Wanken. Der Vergleich mit den Kollegen fällt negativ aus. Ihre objektive Art an die Dinge heranzugehen, kommt bei den Kollegen nicht an. Und nicht nur das – sie scheint alle nur aufzuhalten und die Besprechungen zu verlängern. Um ihr Selbstbild wieder zu stabilisieren, ignoriert sie das Ergebnis ihres Vergleiches. Sie zwingt ihren Kollegen in jeder Zusammenkunft eine Pro und Kontra Diskussion auf. Die anderen Abteilungsleiter reagieren und versuchen die Treffen so zu legen, dass Manuela nicht teilnehmen kann.

Manuelas innerer Konflikt, die fehlende Bestätigung ihrer positiven Selbstwahrnehmung durch die anderen Abteilungsleiter, führt zum Konflikt in der Gruppe.

4.3 Konflikte zwischen Gruppen

Eine Gruppe versteht sich als eine soziale Einheit. Zwangsläufig kommt es zur Abgrenzung von anderen Gruppen. So ist die Bereitschaft zur Zusammenarbeit mit anderen Gruppen von Natur aus immer mit Vorbehalten verbunden. In der eigenen Gruppe fühlen wir uns sicher, wir kennen die Spielregeln. Da jede Gruppe über eine andere innere Ordnung verfügt, kommt es beim Zusammentreffen schnell zum Konflikt.

Abgrenzung nach außen

Gruppen sind stets daran interessiert, ihr Bestehen zu sichern. Eine Gruppe ist immer nur dann existent, wenn es Dinge gibt, die sie als Gruppe ausmachen. Das Erleben von Unterschieden zu anderen und die Gleichheit zur eigenen Gruppe stärken den inneren Zusammenhalt. Daher teilen Mitglieder einer Gruppe bestimmte Ziele, Meinungen oder Vorstellungen. Diese Gruppenidentität wird durch Symbole und Rituale nach außen kenntlich gemacht. Wir brauchen uns nur die Fans bei einem Fußballspiel anschauen, die mit Maskottchen, Schals und Flaggen ausgestattet sind, und uns wird sofort klar, wer hier zu wem gehört. Über diese Symbole und Rituale festigt sich das Zugehörigkeitsgefühl der Gruppenmitglieder und auch die Abgrenzung nach außen wird immer stärker. So kann das Zusammengehörigkeitsgefühl schnell in Intoleranz und Unverständnis anderen Gruppen gegenüber umschlagen. Diese Blickrichtung nach außen verdeckt häufig die vorhandenen Probleme innerhalb der eigenen Gruppe.

Wenn Gruppen zusammenarbeiten

Gruppen haben von Natur aus Schwierigkeiten in der Zusammenarbeit, da sie miteinander konkurrieren. Dies erleben wir in vielen alltäglichen Konflikten, die zwischen Gruppen auftreten. In den Unternehmen sind es häufig unterschiedliche Abteilungen und Teams, die zwar grundsätzlich zusammen das Unternehmen ausmachen, sich selbst aber als soziale Gruppe verstehen. So steht jede Abteilung für sich und grenzt sich automatisch gegen die anderen Abteilungen ab. Dieses typische Gruppenverhalten kann sich unter besonderen Umständen schnell zu einem größeren Konflikt ausweiten. So habe ich erlebt, wie zwei Abteilungen in einem Unternehmen, die Buchhaltung und der Verkauf, sich regelrecht bekämpften. Die Zusammenarbeit verlief auch in der Vergangenheit nicht ohne Reibungen. Als jedoch beide Bereiche die Aufforderung erhielten, mehr Leistung zu bringen, kam es zum Konflikt. Die Verkaufsabteilung wollte das Ziel durch größere Kundenbindung und Kontaktqualität erreichen. In der Buchhaltung dagegen sollte mehr Leistung durch schnellere Bezahlung der Kunden erreicht werden. Daher wurden die Mahnbescheide in kürzeren Abständen versendet und schärfer formuliert. Die unterschiedlichen Herangehensweisen der Abteilungen führten zu Schwierigkeiten im Umgang mit den Kunden. Die vom Verkauf angestrebte Verbesserung der Kontaktqualität endete, nachdem der Kunde sein Produkt gekauft hatte. Zahlte er daraufhin seine Rechnung nicht zügig, erhielt er sofort eine unfreundlich formulierte, schriftliche Mahnung. Dies führte zu deutlich verbesserten Zahlungseingängen und damit zum Erfolg für die Buchhaltung.

Allerdings kam es durch dieses Vorgehen zu mehr Kundenbeschwerden, die wiederum beim Verkauf eingingen. Die Verkäufer sahen ihre Erfolge durch die Strategie der Buchhaltung zerstört. Schnell wurden sie zum Feindbild. Mit dieser Einstellung veränderte sich auch das Klima zwischen den Bereichen. Die Kontakte zur anderen Abteilung waren emotional aufgeladen, Streit und Angriffe waren an der Tagesordnung. Die Mitarbeiter aus der Buchhaltung reagierten auf die wütenden Angriffe der Verkäufer, indem sie nicht reagierten – die Fälle wurden wie gehabt weiterbearbeitet. Auch zwischen den Abteilungsleitern kam es zum Konflikt. Jeder versuchte in den Meetings seine Sichtweise durchzusetzen. Die Unternehmensleitung hielt sich aus dem Konflikt heraus und gab lediglich die Anweisung, dass beide sich für eine Einigung zusammensetzen sollten. Doch dies geschah nicht.

In diesem Beispiel wird deutlich, dass Gruppen eine übergeordnete Hierarchie benötigen, um trotz natürlicher Konkurrenz auch in schwierigen Situationen zusammenzuarbeiten. In diesem Beispiel grenzen sich beide Abteilungen immer weiter voneinander ab. Am Ende arbeiten sie nicht mehr für das gemeinsame Ziel, sondern nur noch gegeneinander. Dabei steigt die Bereitschaft, sich gegenseitig eins auszuwischen und das Leben schwer zu machen. Der einzelne Verkäufer lässt seine Wut am Kollegen in der Buchhaltung aus. Dieser wiederum stellt auf stur und straft den anderen durch Nichtbeachtung. Die Eskalation des Konflikts ist in vollem Gang.

In solchen Fällen nimmt die Zusammenarbeit zwischen den Gruppen stetig ab, es kommt zu Argwohn und Missverständnissen, da Informationen nur noch strategisch oder gar nicht ausgetauscht werden. Symbole und Rituale verstärken die Abgrenzung zur gegnerischen Gruppe zusätzlich. Dadurch, dass etwas Spezielles für die eigene Gruppe gemacht wird, zeigt man den anderen, dass sie nicht dazu gehören. Die Fronten verhärten sich immer mehr.

Ein weit verbreiteter Konflikt zwischen Gruppen ist das Phänomen Zentrale Verwaltung gegen Außenstellen. Es ist durchaus üblich, dass sich Mitarbeiter einer Filiale beschweren, die zentrale Organisation arbeite am grünen Tisch ohne Kenntnis und Rücksichtnahme der Praxis vor Ort. Ebenso kommt die Kritik von der zentralen Verwaltung, dass ihre angeordneten Maßnahmen nicht, wie gewünscht, von der Filiale ausgeführt werden.

Die doppelte Mitgliedschaft

Es ist durchaus vorteilhaft, Mitglied in mehr als einer Gruppe zu sein. So hilft es, andere Perspektiven einzunehmen und die Dinge von verschiedenen Seiten zu beleuchten. Doppelmitglieder eignen sich besonders gut als Vermittler zwischen den Gruppen. Auf diese Weise können sie eine Verbesserung im Austausch und der Zusammenarbeit erzielen. Allerdings kommt es bei einer Doppelmitgliedschaft auch schnell zum Konflikt.

Ein Lehrer, dessen Kind dieselbe Schule besucht, hat automatisch eine Doppelmitgliedschaft. Er gehört sowohl zu den Lehrern als auch zu den Eltern. Ein Konflikt tritt ein, wenn beide Gruppen seine Loyalität einfordern und gegensätzliches Verhalten von ihm erwarten.

Jede Führungskraft muss mit der Situation leben, eine Doppelmitgliedschaft zu besitzen: zum einen als Mitglied des eigenen Teams und zum anderen als Mitglied der Unternehmensleitung. Der Konflikt baut auf den unterschiedlichen Erwartungen der beiden Gruppen auf. Beiden gerecht zu werden, stellt stets aufs Neue einen Balanceakt dar. Sieht sich eine Führungskraft nur als Mitglied der Unternehmensleitung, spüren die Mitarbeiter, dass ihr Vorgesetzter sich nicht als Teil ihrer Gruppe empfindet. Sie wollen und brauchen jedoch seine Loyalität, damit er ihre Bedürfnisse nach außen vertritt. Übernimmt eine Führungskraft nur die Mitgliedschaft in seinem eigenen Team, wird er die Ziele des Unternehmens immer hinter denen seines eigenen Teams einordnen. Die Kunst ist es, beide Mitgliedschaften ernst zu nehmen und im Alltag zu vereinen.

4.4 Konfliktlösung durch Moderation

Dieses Kapitel richtet sich an Leser, die in einem Gruppenkonflikt intervenieren wollen oder müssen.

Gruppenkonflikte sind für die Beteiligten in der Regel schwer lösbar. Gleich mehrere Personen sind direkt oder indirekt betroffen, die Kommunikation ist gestört und die Ursachen des Konflikts sind bereits nach kurzer Zeit nicht mehr klar zu erkennen. An dieser Stelle benötigen die Parteien eine neutrale Person. Sie soll helfen, den Konflikt zu hinterfragen, Bedürfnisse offen zu legen, die Gesichter zu wahren und Lösungsmöglichkeiten zu erarbeiten. Doch nicht immer steht eine solche neutrale Person mit Kenntnissen in der Konfliktmoderation zur Verfügung. Notfalls können auch am Rande Betroffene diese Funktion übernehmen. Unabhängig davon, ob Sie als Vorgesetzter Konflikte innerhalb Ihres Teams lösen, als Kollege einen Konflikt zwischen zwei verfeindeten Lagern beenden, oder in einer strittigen Familiensache intervenieren wollen – es ist wichtig, dass Sie als Moderator vorab die eigene Rolle im Konflikt sich selbst und den Beteiligten offenlegen und Ihr Vorhaben erklären. Wichtig ist, dass Sie um Neutralität bemüht sind, gleichzeitig aber bemerken, wenn sie verloren geht. Nichts ist schlimmer als ein Konfliktmoderator, der sich äußerlich neutral gibt, aber innerlich einseitig Partei ergreift, ohne es sich selbst einzugestehen. Nur wenn der Moderator sich stets um Objektivität bemüht und Bewertungen vermeidet, kann er den Konfliktparteien Hilfe zur Selbsthilfe geben.

Der Moderator unterstützt durch konkrete Fragen die Analyse der Konfliktsituation und hilft den Beteiligten wieder sachlich miteinander zu sprechen, Verständnis sowie Respekt für einander zu entwickeln und zu einer einvernehmlichen Lösung zu gelangen.

Eine Möglichkeit dieses Ziel zu erreichen, ist die Anwendung der Vier-Schritte-Konfliktdiagnose. Sie dient dem Moderator als roter Faden während der Konfliktbearbeitung.

1. Schritt: Inhalt und Sichtweisen
Was ist der Inhalt des Konflikts? Was sind die wichtigsten Punkte?

2. Schritt: Entwicklung und aktueller Stand
Wie hat sich der Konflikt entwickelt? Wie ist der aktuelle Stand?

3. Schritt: Beteiligte und Beziehungen
Wer sind die Beteiligten im Konflikt? In welcher Beziehung stehen sie zueinander? Welche Gefühle sind beim Konflikt beteiligt? Welche Erwartungen und Befürchtungen gibt es?

4. Schritt: Bereitschaft zu Lösung
Wie ist die Einstellung zum Konflikt? Wie begegnen sich die Konfliktparteien? Was sind sie bereit zu tun, um den Konflikt zu lösen? Wie viel werden sie investieren? Wo sind ihre Grenzen? Wozu sind sie nicht bereit?

1. Schritt: Inhalt und Sichtweisen

Dieser Schritt hat das Ziel, die Bereitschaft unter den Beteiligten zur Zusammenarbeit und gegenseitiger Akzeptanz wieder zu stärken. Das Fehlen von gegenseitigem Verständnis drückt sich häufig in respektlosem Umgang miteinander aus. Hier muss erst einmal die Bereitschaft wieder gewonnen werden, sich auseinanderzusetzen. Um dies zu erreichen, verfolgt der Moderator im ersten Schritt der Konfliktdiagnose folgende Ziele:

- Die Beteiligten tauschen sich über die unterschiedlichen Sichtweisen und Emotionen des Konfliktes aus.
- Sie decken den Inhalt des Konfliktes auf, indem sie die jeweiligen Konfliktpunkte benennen und erklären.
- Sie sortieren die genannten Konfliktpunkte nach Wichtigkeit.

Ablauf:
Jeder Beteiligte notiert auf Karten seine Konfliktpunkte, hängt sie an eine Pinnwand (oder Ähnliches) und erläutert sie. Die anderen hören zu und stellen bei Bedarf Verständnisfragen. Bewertungen und Diskussionen sind in dieser Phase nicht zulässig. Anschließend fasst jede Konfliktpartei die genannten Konfliktpunkte der anderen Partei zusammen.

Auf diese Weise setzen sich die Beteiligten mit den Sichtweisen der anderen Partei aktiv auseinander.

Nun sortiert der Moderator die Karten gemeinsam mit den Parteien nach Problemfeldern oder Oberthemen. Hierbei helfen konkrete Fragestellung wie: Was bedeutet dieser Punkt konkret? und: Worin zeigt sich dieser Aspekt genau? Die Konfliktparteien definieren daraufhin eine Rangfolge, nach der sie die Themen behandeln möchten.

Soweit zum organisatorischen Ablauf des ersten Schrittes. Allerdings besteht Konfliktmoderation nicht nur aus Anleitung der Beteiligten. Da es bei Konflikten immer auch um Emotionen geht, benötigt ein Moderator deutlich mehr Werkzeuge in seinem Koffer, um auch in schwierigen Situationen arbeitsfähig zu sein. Bei Konflikten, die bereits eine höhere Eskalationsstufe erreicht haben, ist es wahrscheinlich, dass die Beteiligten nicht friedlich zusammenarbeiten. Verletzte Gefühle, Ängste und Misstrauen werden die Begleiter sein. Hier ist der Moderator ständig gefordert, die Beteiligten zu beobachten und Angriffe zu unterbinden. Ziel ist es, dass die Beteiligten stets fair und konstruktiv miteinander umgehen.

Methode positive Bewertung:
Um andere Akzente zu setzen, kann der Moderator von Beginn an die Methode positive Bewertung anwenden. Dabei geht er ganz bewusst auf die positiven Verhaltensweisen der Beteiligten während des Treffens ein und lobt sie dafür. So bewertet er jemanden, der sich die ganze Zeit zurückgehalten hat, positiv, indem er auf seine ruhige, die Eskalation vermeidende Haltung hinweist. Einen anderen lobt er für seine lösungsorientierte Haltung, einen dritten für sein Erscheinen zum gemeinsamen Treffen. Die positive Bewertung durch den Moderator erleben die Teilnehmer als Wertschätzung. Dadurch wächst die Wahrscheinlichkeit, dass sie sich auf die Konfliktmoderation einlassen.

Methode Umdeutung:
Auch diese Methode dient dem Moderator dazu, negativ gesehene Verhaltensweisen und Bewertungen aus einer anderen Sicht zu präsentieren. So wird die emotionsgeladene Diskussion zweier Kontrahenten am Anfang des Treffens vom Moderator als besonderes Engagement für eine gute Lösung umgedeutet und die verbalen Angriffe des Kollegen als Bereitschaft zur Offenheit betitelt. Dies schafft eine andere Sicht auf das Verhalten der Beteiligten. Einem schwierigen Verhalten eine andere Bedeutung zu geben, kann zu Verhaltensänderungen führen.

Methode Humor:
Eine weitere Möglichkeit Spannung abzubauen, ist gut dosierter Humor. Er dient dem Moderator vor allem in festgefahrenen Situationen oftmals als gutes Werkzeug. Viele Beteiligte sind froh, kurz der durch den Konflikt bedingten hohen Anspannung entfliehen zu können. Ein Lacher hat auch für die Zusammenarbeit heilende Wirkung.

Methode Fragen stellen:
Fragen sind bei der Konfliktbearbeitung das wirkungsvollste Instrument für den Moderator. Sie aktivieren die Beteiligten und bringen sie in die Lage den Konflikt aufzuschlüsseln und eine gemeinsame Lösung zu erarbeiten. Hierfür eignen sich besonders folgende Fragetypen:

- Direkte Fragen:

Mit diesen Fragen kann der Moderator Klarheit über die unterschiedlichen Sichtweisen und Einstellungen erhalten: „Teilen Sie alle diese Ansicht?“ „Ist dieser Konflikt aus Ihrer Sicht lösbar?“ „Sollen wir uns mit der Situation abfinden?“

- Fragen nach Beschreibung und Bewertung:

Diese Fragen zeigen die unterschiedlichen Erklärungen und Wahrnehmungen der Konfliktparteien. Ziel ist die Öffnung der Perspektive: „Wie erklären Sie sich den Konflikt?" „Bitte beschreiben Sie aus Ihrer Sicht den Konflikt." „Wie bewerten Sie diesen Punkt?"

- Zirkuläre Fragen:

Zirkuläre Fragen zwingen zum Wechsel der Perspektive: „Wenn ich Ihre Kollegen fragen würde, was würden sie über den Konfliktinhalt sagen?" „Wie erklären sich Ihre Mitarbeiter den Konflikt?"

2. Schritt: Entwicklung und aktueller Stand

In diesem zweiten Schritt versucht der Moderator, das gegenseitige Verstehen weiter zu fördern. Dafür fragt er nach dem aktuellen Stand des Konfliktes und den Ursachen und Anlässen für den Konfliktausbruch. Auch muss man festhalten, worin sich die Antworten der Beteiligten gleichen und worin sie auseinandergehen. Weitere Fragen in dieser Phase versuchen die Eskalationsdynamik des Konfliktes aufzudecken. Ziele des zweiten Schrittes sind:

- Austausch der Beteiligten darüber, wie sie den Konflikt zum aktuellen Zeitpunkt erleben und einschätzen.
- Austausch über das jeweilige persönliche Erleben des Konfliktes; Kennen lernen der subjektiven Wahrnehmung jedes Beteiligten.
- Aufdecken der Faktoren und Verhaltensweisen, die für die Eskalation des Konfliktes sorgten.
- Bewusstsein schaffen, dass der weitere Konfliktverlauf von den Beteiligten gesteuert werden kann.

Zum letzten Punkt einige erklärende Worte: Oftmals sind die Kontrahenten hilflos in der Konfliktspirale gefangen. Die Aktion des einen erzeugt die Reaktion des anderen, die wiederum für eine Handlung sorgt. Der Ausstieg aus dem Konflikt scheint in unerreichbarer Ferne zu liegen. Daher ist es wichtig, den Beteiligten zur Erkenntnis zu verhelfen, dass sie den Konflikt immer noch selbst durch ihr Verhalten bestimmen.

Das Aufdecken der Faktoren und Verhaltensweisen, die den Konflikt weiter geschürt haben, dient dazu.

Ablauf

Der Moderator bereitet zwei Pinnwände vor. Auf der einen stehen folgende Fragen: Wie stellt sich für Sie der aktuelle Stand des Konfliktes dar? Welche Ursachen und Anlässe haben zum Konflikt geführt?

Auf der anderen Pinnwand sind diese Fragen zu lesen: Was ist geschehen, welches Verhalten haben Sie als kritisch empfunden? Wann hat sich der Konflikt zugespitzt? Wie haben Sie persönlich den Konfliktverlauf wahrgenommen? Was hat Sie gestört, geärgert, traurig, hilflos (...) gemacht?

Die Beteiligten beantworten die Fragen stichwortartig auf Karten und bringen sie an die Pinnwände an. Danach erläutert jeder den anderen seine Antworten. Dies ist eine wichtige Phase. Der Moderator darf sich nicht mit reinen Sachinformationen zufrieden geben. Viele werden versuchen, ihre Gefühle für sich zu behalten. Vor allem im Berufsleben ist das Eingestehen negativer Emotionen für viele ungewohnt. Die erlebten Gefühle wie Angst, Wut, Hilflosigkeit und Enttäuschung müssen aber angesprochen werden, um das gegenseitige Verstehen zu fördern. Wie erfolgreich der weitere Verlauf der Konfliktmoderation sein wird, hängt zum großen Teil vom Erfolg dieser Phase ab.

Auf dieser gemeinsam erarbeiteten Grundlage baut der Moderator nun auf. Zusammen mit den Beteiligten vereinbart er Spielregeln. Die Regeln sollen dazu dienen, dass die Kontrahenten ihren Umgang miteinander ab sofort ändern und verbessern. Hier gilt: Weniger ist mehr. Zu viele Regeln lassen sich nur schwer umsetzen. Der Moderator weist ab sofort darauf hin, wenn gegen die Regeln verstoßen wird.

Methode Fragen stellen

Auch im zweiten Schritt führt der Moderator die Konfliktparteien mit Hilfe seiner Fragen. Um den Verlauf und den Stand des Konfliktes deutlich zu machen bieten sich folgende Fragen an:

- Fragen nach der Reihenfolge:

Mit Hilfe von solchen Fragen erhält der Moderator eine kurze Information, mit der er dann weiterarbeiten kann. „Auf einer Skala von 1 bis 10, wo würden Sie den aktuellen Konfliktstand einordnen?"

- Fragen nach Beschreibung und Bewertung:

Mit diesen Fragen kann der Moderator die unterschiedlichen Wahrnehmungen deutlich machen. „Wie beschreiben Sie den Verlauf des Konfliktes?" „Wie erklären Sie sich das Verhalten der Kollegen?"

- Fragen nach den Emotionen:

Über Gefühle zu sprechen, fällt vielen nicht leicht. Daher sind gezielte Fragen nach den Gefühlen der Beteiligten sinnvoll: „Wie haben Sie sich in diesem Moment gefühlt?" „Was waren Ihre ersten Gedanken, nachdem Ihr Kollege dies zu Ihnen gesagt hat?" „Was hätten Sie jetzt am liebsten getan?"

- Zirkuläre Fragen:

Diesen Fragen regen den Perspektivenwechsel an: „Wenn ich Ihren Kollegen nach seinen Gefühlen in dieser Situation fragen würde, was würde er mir antworten?"

Methode Geschichten erzählen

Oftmals fällt es den Kontrahenten schwer, den eigenen Konflikt zu analysieren. Hier helfen Geschichten und Metaphern des Moderators. Die Beteiligten können eine vom Moderator erzählte ähnliche Geschichte nutzen, um sich ihrer eigenen Konfliktgeschichte gefahrlos nähern zu können. Die in der Geschichte auftauchenden Verhaltensweisen ähneln denen im eigenen Konflikt. Es lässt sich leichter über die Fehler von anderen sprechen als über die eigenen. Am Ende sorgt der Moderator für den Bezug zum eigenen Konflikt.

3. Schritt: Beteiligte und Beziehungen

Dieser Schritt der Konfliktdiagnose legt die Verstrickungen aller Beteiligten im Konflikt frei. Da in Gruppenkonflikten immer mehrere Personen direkt und indirekt am Konflikt beteiligt sind, ist es zum einen wichtig, bei der Konfliktbearbeitung niemanden zu vergessen und zum anderen die bestehenden Beziehungen und Abhängigkeiten aufzudecken. Eine Lösung des Konfliktes ist ohne die Beachtung dieser Tatsachen auf Dauer nicht möglich.

Dies sind die Ziele des Moderators:

- Aufteilung der Beteiligten in direkt Betroffene und indirekt Betroffene.
- Aufzeigen, wer direkt oder indirekt den Konflikt beeinflusst und wer beeinflusst wird.
- Aufbau einer Beziehungslandschaft. Welche Beziehungen liegen vor? Welche Abhängigkeiten bestehen?
- Aufzeigen der Konsequenzen des Konflikts für die Betroffenen? Gibt es auch Vorteile?

Ablauf

Der Moderator entwirft mit Hilfe der Beteiligten ein Bild über deren Beziehungslandschaft. In der Mitte stehen die Hauptakteure, die indirekt Betroffenen befinden sich weiter außen. Einflussnahmen werden durch Pfeile gekennzeichnet.

Die Beteiligten erarbeiten nun jeder für sich, welche Abhängigkeiten sie untereinander sehen und welche Konsequenzen sich für die Beteiligten durch den Konflikt ergeben. Jeder erklärt daraufhin anhand des Bildes seine Ergebnisse. Unterschiedliche Ansichten werden in der Gruppe diskutiert. Der Moderator weist darauf hin, dass es hier nicht um richtig und falsch geht, sondern um das persönliche Empfinden von Abhängigkeiten. So können hier auch gegensätzliche Antworten stehen bleiben. Es muss kein Konsens erreicht werden.

Methode Fragen stellen

- Zirkuläre Fragen:

Für das Aufdecken von subjektiv empfundenen Abhängigkeiten ist ein Perspektivenwechsel sinnvoll: „Wenn ich Ihre Mitarbeiter fragen würde, wie würden sie mir ihr Abhängigkeitsverhältnis zu Ihnen beschreiben?" „Wenn ich Ihren Kollegen fragen würde, wie abhängig er sich von Ihren Informationen fühlt, wie wird er antworten?"

- Fragen nach Beschreibung und Bewertung:

Durch Fragen dieser Art wird klar, wie unterschiedlich die einzelnen Beteiligten Beziehungen wahrnehmen und Abhängigkeiten bewerten: „Wie beschreiben Sie die Beziehung zu den Kollegen?" „Wie bewerten Sie die Abhängigkeit zwischen Herrn X und Frau Y?"

Methode Veränderung

Die Positionen in einem Konflikt sind zumeist sehr unbeweglich. Der Moderator kann durch die Veränderung des äußeren Rahmens darauf Einfluss nehmen. Allein die Veränderung der Sitzordnung kann zu mehr Beweglichkeit führen. Auch die Verlegung des Treffens an einen anderen Ort kann Positives bewirken.

4. Schritt: Bereitschaft zur Lösung

Mittlerweile haben die Beteiligten ein größeres Verständnis des Konfliktes gewonnen. Sie konnten sich über Ursachen, Eskalation auslösende Verhaltensweisen, beteiligte Gefühle und ihre Beziehungslandschaft austauschen. Die vereinbarten Spielregeln machen den Umgang miteinander wieder möglich. Nun ist es an der Zeit, Lösungsansätze zu erarbeiten. Es ist illusorisch zu glauben, am Ende einer jeden Konfliktmoderation gäbe es für alle Probleme eine gütliche Einigung. Der Moderator muss jetzt in einem Akt des Ausbalancierens den unterschiedlichen Bedürfnissen und Sichtweisen Rechnung tragen. Zu schnelle Lösungen bergen meist die Gefahr, keine echte Lösung zu sein. Vielleicht setzen sich die Stärkeren durch, andere ziehen sich zurück und sagen zu allem Ja und Amen. Zurück im Alltag lebt der Konflikt aufgrund der fehlenden innerlichen Zustimmung weiter. Je schwieriger die Konfliktsituation ist, umso mehr Zeit benötigen auch wirkliche Lösungen. Es kann auch eine Lösung sein, Unterschiedlichkeiten zu erkennen, anzunehmen und bestehen zu lassen.

Ziele des vierten Schrittes sind:

- Kennen lernen der Lösungsbereitschaft: Welche Verhaltensweisen akzeptieren die einzelnen Beteiligten, um Lösungen zu erzielen? Was ist jeder bereit zu geben, was nicht? Welche Minimal- und Maximalziele sollen erreicht werden?
- Klärung vorhandener Erwartungen, Wünsche und Forderungen: Welche gegenseitigen Forderungen haben die Beteiligten? Welche Erwartungen und Wünsche haben sie an die Anderen?
- Vereinbarungen treffen: Welche Erwartungen und Forderungen können nun erfüllt werden, welche noch nicht?
- Akzeptanz für Unterschiede schaffen: Welche Unterschiede bleiben bestehen? Was können/wollen wir nicht ändern? Wie wollen wir damit umgehen?

Ablauf

Die Beteiligten überlegen sich, was sie für eine Lösung des Konflikts investieren wollen und bestimmen ihr minimales und ihr maximales Ziel. Die Antworten werden auf Karten festgehalten und nacheinander an eine Pinnwand gehängt und besprochen.

Im Anschluss daran erarbeiten die Beteiligten – wieder jeder für sich auf Karten – welche Erwartungen, Forderungen und Wünsche sie an die anderen haben und begründen diese. Jede Konfliktpartei erhält eine Pinnwand. Hieran werden die Karten befestigt und danach kurz vorgestellt. Dieser Arbeitsschritt sollte ohne Diskussion erfolgen, nur Verständnisfragen sind erlaubt. Wenn alle Parteien präsentiert haben, bekommen die Beteiligten verschieden farbige Punkte. Alle Erwartungen, Wünsche und Forderungen, die akzeptiert werden, bekommen grüne Punkte, alle die abgelehnt werden rote. Der Moderator beginnt mit den grünen Punkten. Jede akzeptierte Forderung wird noch einmal besprochen und festgehalten. Danach kommen die rot markierten Erwartungen und Forderungen an die Reihe. Hier ist es wichtig, im Einzelnen zu klären, warum die Ablehnung erfolgte und unter welchen Umständen es zu einer Annahme kommen kann. Die Vereinbarungen werden schriftlich festgehalten.

Methode Fragen stellen

- Wunderfragen:

Durch diese Fragenart kann der Moderator die Kreativität der Beteiligten wecken. Die Wunderfrage arbeitet mit Hypothesen und nimmt die Lösung des Konflikts vorweg ohne zu erklären, wie es dazu gekommen ist. Vor allem in erstarrten und gelähmten Situationen ist diese Technik hilfreich: „Angenommen, Sie kommen morgen früh ins Büro und der Konflikt ist gelöst – niemand weiß wie -, woran würden Sie das Fehlen des Konfliktes zuerst bemerken? Was hätte sich verändert? Woran würde Ihr Kollege es merken? Was hätte sich für ihn verändert?"

Durch das Arbeiten mit Hypothesen lässt sich überlegen, was die besten Lösungen wären und wie sich die Zusammenarbeit nun gestalten würde. Auf diese Weise kann der Moderator auch eine Rückwärtsbetrachtung anregen, die hilfreich für die Lösungsfindung ist: „Jetzt, wo der Konflikt in unserer Vorstellung einfach verschwunden ist – was müssten Sie tun, um den Konflikt wieder anzufachen? Und wie müssten die anderen darauf reagieren, damit der Konflikt auch wirklich wieder entsteht? Oder was müssten Sie alle tun, um den Konflikt beigelegt zu lassen?"

- Fragen nach den eigenen Erfahrungen:

Auch mit Fragen nach den eigenen Erfahrungen lassen sich Lösungen anregen: „Haben Sie schon einmal einen Konflikt erlebt?" „Wie haben

Sie in der Vergangenheit diesen Konflikt beendet?“ „Welche positiven Erfahrungen haben Sie in Ihrem Team gemacht?“ „Auf welche Stärken konnten Sie im Konfliktfall bauen?“

Methode Ideen geben
Natürlich kann der Moderator auch Ideen direkt anregen, um eingefahrene Sichtweisen aufzubrechen. Hier können Beispiele anderer Konfliktlösungen helfen, neue Lösungsansätze zu finden.

Zum Abschluss dieses Kapitels möchte ich noch einmal betonen, dass Konfliktlösungen nicht auf die Schnelle erzwungen werden können. Weil starke Gefühle im Spiel sind, brauchen die Konfliktparteien viel Zeit und Raum, um sich dem anderen wieder öffnen zu können. Daher ist es sinnvoll, die Bearbeitung eines Konfliktes nicht zwingend an einem Tag durchführen zu wollen, sondern weitere Etappen einzuplanen. Diese sollten aber kurz hintereinander erfolgen.

5 Strategien zur freundlichen Konfliktlösung

Da jeder Konflikt anders ist und immer mehrere Aspekte mit hineinspielen, gibt es leider nicht die Lösungsstrategie. Aber es gibt viele Möglichkeiten, Konflikten positiv zu begegnen, um eine gute Lösung zu erreichen. Weder Kampf noch Flucht oder Verdrängung bringen eine Beilegung, die alle zufrieden stellt. Erst die bewusste Auseinandersetzung mit dem Konflikt, seiner Ursache und den Bedürfnissen des Gegenübers können dies erreichen. Dabei hilft es, sich in den anderen hineinzuversetzen, seine und die eigenen Gefühle wahrzunehmen und Lösungen aktiv anzubieten.

5.1 Die Ursache hinterfragen

Wenn es um den Konflikt zwischen Menschen geht, spielt die Unterscheidung in Ursachen und Auslöser von Konflikten eine große Rolle. Häufig erkennen wir bei Konflikten zwar den Auslöser, nicht aber die eigentliche Ursache. Doch erst wenn wir diese kennen, sind wir in der Lage, den Konflikt zu lösen.

Das unerfüllte Bedürfnis

Martin ist vor kurzem zum Teamleiter befördert worden und bekommt einen neuen Arbeitsplatz. Statt wie versprochen ein Einzelbüro zu erhalten, soll er sein neues Büro wieder mit einem Kollegen teilen. Martin ist so wütend, dass er bei dem Vorgesetzten ins Büro platzt und seinem Ärger Luft macht: „Das lasse ich mir nicht bieten. Wir hatten vereinbart, dass ich ein Einzelbüro bekommen werde!“

Wenn wir Martin nach der Ursache für seine Wut fragen, wird er wahrscheinlich antworten: „Weil unsere Vereinbarung nicht eingehalten wurde.“ Diese Antwort verweist darauf, dass Martin zwar den Auslöser erkennt, nicht aber die Konfliktursache. Die Nichteinhaltung des Versprechens löst den Konflikt aus. Was aber hat den Konflikt verursacht? Hier kommen die Bedürfnisse von Martin ins Spiel. Teamleiter zu werden, bedeutet für ihn einen wichtigen Karriereschritt. Er benötigt ein eigenes Büro als deutliches Zeichen seines Erfolges nach außen. Hier liegt die Ursache.

Martins Bedürfnis nach Wertschätzung und öffentlicher Anerkennung ist nicht erfüllt. Das ruft den großen Ärger in ihm hervor. Doch anstatt der Ursache auf den Grund zu gehen, hält sich Martin an den Auslöser und greift seinen Vorgesetzten an. Was wird er mit seinem Angriff erreichen? Wahrscheinlich wird der Vorgesetzte sich verteidigen oder zum Gegenschlag ausholen. Oder er wiegelt ab und versucht den Konflikt zu unterdrücken. Beide Reaktionen werden Martins Konflikt nicht lösen, sondern nur noch vergrößern.

Wenn der Vorgesetzte mit Verteidigung, Gegenangriff oder Verdrängung reagiert, wird klar, dass auch er die Ursache von Martins Konflikt nicht erkennt. Dann hat er den Auslöser des Konfliktes, die nicht eingehaltene Vereinbarung, vor Augen. Die wirkliche Ursache, das unerfüllte Bedürfnis nach Wertschätzung und Anerkennung, bleibt unbeachtet.

Wenn die beiden nun eine positive Lösung des Konfliktes anstreben wollen, brauchen sie Kenntnis über die Ursache. Sonst wird der Konflikt nicht gelöst oder nur ein schlechter Kompromiss gefunden, wie die folgenden Reaktionsmöglichkeiten des Vorgesetzten zeigen:

Reaktion 1: Die Verteidigung

Der Vorgesetzte entschuldigt sich für sein Verhalten und erklärt Martin, dass leider kein anderes Büro zur Verfügung steht und er somit nicht anders entscheiden konnte.

Martin kann die Entschuldigung annehmen und nachvollziehen, dass er kein Einzelbüro haben kann. Aber der Konflikt, das Bedürfnis nach Anerkennung, ist immer noch vorhanden.

Reaktion 2: Der Gegenschlag

Der Vorgesetzte greift Martin im Gegenzug an: „Wir haben erst vor einigen Wochen darüber gesprochen, dass die Leistungen in Ihrem Team noch nicht den Anforderungen entsprechen. Trotzdem stehe ich hinter der Entscheidung, Sie zum Teamleiter befördert zu haben. Bevor Sie also das nächste Mal von mir etwas einfordern, würde ich mich freuen, wenn Sie selbst erst einmal Ihre Leistungen bringen, die für diese Position erforderlich sind."

Dadurch, dass der Vorgesetzte andere Themen zur Sprache bringt, droht der Konflikt sich zu vergrößern. Die Möglichkeit, dass Martins wirkliche Konfliktursache behandelt werden kann, wird immer unwahrscheinlicher.

Reaktion 3: Die Verdrängung

Der Vorgesetzte reagiert gelassen: „Ja, da haben Sie Recht. Ich habe mich kurzfristig zu Ihren Gunsten umentschieden. Dieses Büro ist größer und liegt strategisch viel günstiger. Außerdem teilen Sie es sich mit Herrn Gruber, mit dem arbeiten Sie doch eng zusammen. Da ist es viel besser, wenn Sie beieinander sitzen. Zumal sie doch befreundet sind."

Auch bei dieser Reaktion hinterfragt der Vorgesetzte nicht die wirkliche Ursache für Martins Auftreten. Jetzt kann Martin entweder aufgeben oder versuchen, Einwände zu erheben. Wenn er allerdings wieder auf den Auslöser – gebrochene Vereinbarung – zurückkommt, wird eine Konfliktlösung sehr unwahrscheinlich, da der Vorgesetzte weiter abwiegeln wird.

Alle drei Reaktionen machen deutlich, dass es keinen Sinn hat, sich auf den Auslöser eines Konfliktes zu konzentrieren. Man doktert nur an den Symptomen und behandelt nicht die Ursachen. Um ein anderes Beispiel zu bemühen: Heilung erfolgt erst bei Behandlung der Krankheit. Dies ist bei Konflikten nicht anders.

Hinterfragen lohnt sich

Im oben geschilderten Beispiel zeigt sich, dass viele Konflikte über uns hereinbrechen können. Wir reagieren nur noch, wie der Vorgesetzte auf den Angriff von Martin. Dabei greifen wir auf unsere gewohnten Verhaltensweisen Flucht, Angriff oder Verdrängung zurück. Die schnelle Reaktion richtet sich in der Regel auf das, was den Konflikt gerade auslöst. Unsere Reaktionen warten nicht, bis unser Verstand den Konflikt analysiert und die Ursache gefunden hat. Allerdings lässt sich dies durch Übung durchaus erreichen.

So kann man bei Mitarbeitern von Reklamationsabteilungen beobachten, dass die blitzschnelle Ursachensuche des Konflikts durchaus gelernt werden kann: „Worum geht es meinem Gegenüber wirklich? Welches Grundbedürfnis ist bei ihm nicht erfüllt?“ Diese Fragen sind schnell gestellt und der Versuch gestartet, den Konflikt und seine Ursache zu erkennen. Auch wenn sie nicht immer sofort zu beantworten sind.

Menschen, die im Arbeitsalltag häufig Angriffen ausgesetzt sind, benötigen ganz besonders Strategien, um Eskalationen zu vermeiden. Wer in seinem Job tagtäglich Beschwerden, Kritik, Provokationen und negativen Gefühlen ausgesetzt ist, muss dem etwas entgegenzusetzen haben. Die gängigen Strategien wie Flucht oder Angriff funktionieren nicht. Der Mitarbeiter hat wohl kaum die Möglichkeit, ständig die Flucht zu ergreifen, wenn es zu viel wird. Auch das Angriffsverhalten ist auf Dauer nicht durchführbar. Wer jeden Angriff mit einem Gegenangriff kontert und auf jede Provokation eingeht, bei dem werden viele Konflikte eskalieren. Das kostet Kraft und Ärger. Wer dagegen Konflikte verdrängt und nicht wahrhaben will, den macht eine solche Tätigkeit auf Dauer wahrscheinlich krank. Denn die Konflikte werden nicht erkannt und deshalb nicht bearbeitet und gelöst.

5.2 Unerfüllte Bedürfnisse sind Ursache für Emotionen

Die Ursache von Konflikten liegt in unerfüllten Bedürfnissen. Immer wenn unsere Grundbedürfnisse unbefriedigt bleiben, baut sich Spannung auf, die sich in Konflikten entlädt. Die Hauptbedürfnisse im Umgang untereinander sind:

- *Das Bedürfnis nach Wertschätzung und Anerkennung*

Gerade in Konflikten zwischen Menschen ist es häufig das Bedürfnis nach Wertschätzung und Anerkennung, das bei Nichterfüllung zu Konflikten führt. Jeder von uns möchte mit Wertschätzung und Respekt behandelt werden. Wenn wir das Gefühl haben, dass dies nicht gegeben ist, meldet sich unser Selbstwertgefühl. Das war auch bei Martin in dem oben genannten Beispiel der Fall. Indem er seinen Vorgesetzten angreift, versucht er sein angekratztes Selbstwertgefühl wiederherzustellen. So fordert er unbewusst Wertschätzung und Anerkennung ein.

- *Das Bedürfnis nach Freiheit und Selbstbestimmung*

Schon bei Kindern ist der Drang nach Selbstbestimmung deutlich spürbar und schafft die häufigsten Konflikte mit den Eltern. Die Forderung „Ich will aber!“ stößt auf gesetzte Grenzen. Dies schränkt das Grundbedürfnis nach Freiheit für Kinder erheblich ein. Doch auch als Erwachsene kommen wir immer wieder in die Situation, dass unsere Freiheit und Selbstbestimmung begrenzt ist. Ob es um die Bewilligung des Urlaubs, die Genehmigung des Bauantrages oder um die Wahl des Fernsehprogramms geht, immer wieder benötigen wir das „Ja“ eines anderen. Auch wenn wir an diese Fremdbestimmung von Kind an gewöhnt sind, führt das Bedürfnis nach Freiheit immer wieder zu negativen Gefühlen und damit auch zu Konflikten.

- *Das Bedürfnis nach Sicherheit und Existenzsicherung*

Dieses existenzielle Grundbedürfnis sorgt für die stärksten Emotionen. Fühlen wir unsere eigene Sicherheit durch andere gefährdet, sind unsere

Reaktionen am schwersten zu kontrollieren. Hier kommt es auch am schnellsten zu körperlichen Auseinandersetzungen. Das Bedürfnis nach Sicherheit wird allerdings nicht nur durch die direkte, existenzielle Bedrohung unserer Person gestört. Auch der drohende Verlust des Arbeitsplatzes gefährdet unser Bedürfnis nach Sicherheit. Bei Veränderungen in unserem Arbeitsalltag, wie der Wechsel der Arbeitsstelle der Begegnung mit neuen Kollegen wird diese Sicherheit in Frage gestellt. Selbst verbale Attacken in einem Streitgespräch können unser Sicherheitsbedürfnis verletzen. Angst und Hilflosigkeit auf der einen, Wut und Aggression auf der anderen Seite gehen als negative Emotionen mit einher.

Arbeitsalltag in einer Servicehotline. Kundin: „Ich warte jetzt schon den ganzen Vormittag auf Ihren Servicemitarbeiter! Sie meinen wohl, nur weil ich Hausfrau bin, habe ich den ganzen Tag Zeit! Auch ich habe vieles zu erledigen. Aber das scheint Sie ja nicht zu interessieren! Hauptsache, Sie verkaufen Ihre Produkte. Der Service danach ist Ihnen egal. Sie sind ja völlig unfähig! Sehen Sie zu, dass Ihr Mitarbeiter binnen der nächsten halben Stunde kommt, sonst werde ich mich über Sie beschweren."

Angriffe, Beleidigungen und Drohungen – ein typisches Beispiel für eine Beschwerde. Auslöser des Konfliktes ist der bislang nicht erschienene Servicemitarbeiter. Aber was ist hier die Ursache? Welches Grundbedürfnis ist bei der Kundin unerfüllt? Wieder einmal das Bedürfnis nach Anerkennung und Wertschätzung. Der Servicemitarbeiter hält den vereinbarten Termin nicht ein und lässt sie warten. Niemand informiert sie über die längere Wartezeit. Das Selbstwertgefühl der Kundin meldet sich. Ihre Reaktion ist jedoch nicht auf ihr eigenes Grundbedürfnis gerichtet, sondern auf Angriff. Sie steckt ihre gesamte Kraft in das Bemühen, einen Schuldigen zu finden. Es geht um die Frage: Wer ist im Recht, wer im Unrecht? Dabei kippt sie ihren gesamten Ärger auf den Mitarbeiter der Servicehotline. In ihrer Wut und ihrem Ärger drückt sich das unerfüllte Bedürfnis nach Wertschätzung aus. Negative Gefühle sind immer auch Signale für nicht erfüllte Bedürfnisse.

Wie wirkt die Beschwerde nun auf den Mitarbeiter der Servicehotline? Die Beleidigung: „Sie sind ja völlig unfähig", der Ton und die Wortwahl attackieren das Bedürfnis nach Wertschätzung. Das Ultimatum und die Drohung: „Sehen Sie zu, dass Ihr Mitarbeiter binnen der nächsten halben Stunde kommt, sonst werde ich mich über Sie beschweren", richtet sich gegen das Bedürfnis nach Sicherheit. Die beiden unerfüllten Bedürfnisse bewirken, dass nun auch beim Mitarbeiter negative Gefühle aufkommen. Sein Selbstwertgefühl wird ebenfalls beschädigt. Angesichts der Drohung will er sich schützen. Wenn der Mitarbeiter die Ursache für das Verhalten nicht hinterfragt, wird er seinen aufkommenden negativen Gefühlen mehr oder weniger freien Lauf lassen – mit Gedanken wie: „Das lasse ich mir nicht gefallen" und „Ich muss mich von niemandem hier beleidigen lassen." Seine Reaktionen werden dementsprechend sein:

- *Flucht:*

Das heißt Auflegen des Hörers oder sich für nicht zuständig erklären. Mit Flucht kann der Konflikt jedoch nur verschoben, nicht aber gelöst werden. In der Regel verschärft er sich. Die Kundin wird wieder anrufen oder sich schriftlich beschweren. Dabei wird ihre Reaktion aufgrund der Tatsache, dass der Andere sich dem Konflikt einfach entzogen hat, schärfer ausfallen.

- *Angriff:*

„Wenn Sie sich beruhigt haben, werde ich gern mit Ihnen weiter sprechen." Oder: „Wir weisen in unseren Servicebedingungen deutlich darauf hin, dass unsere Mitarbeiter Sie im Laufe des Tages aufsuchen werden. Eine Festlegung auf den Vormittag ist gar nicht möglich. Sie haben die Terminabsprache falsch verstanden".

Mit einem Gegenschlag kann der Konflikt ebenso wenig freundlich gelöst werden. Der Mitarbeiter kann den Konflikt zwar gewinnen, wenn die Kundin klein beigibt und sich unterwirft. Dies ist jedoch keine positive Konfliktlösung, sondern fördert nur nachträgliche Rachegefühle. Wenn die Kundin nicht nachgibt, kommt es zur weiteren Eskalation. Dabei wird die Lösung des Konflikts immer unwahrscheinlicher.

Will der Mitarbeiter den Konflikt wirklich lösen, dann ist es sinnvoll, die Frage nach der Verhaltensursache zu stellen: „Was ist der wirkliche Grund dafür, dass die Kundin so wütend ist und mich angreift? Welches Bedürfnis hat sie?“ Indem er sich mit dieser Frage beschäftigt, wird sein Verstand auf Lösungssuche programmiert. Die Gefahr der schnellen Reaktion, wie Flucht oder Angriff, wird verringert. Für Gedanken wie: „Das lasse ich mir nicht gefallen“, bleibt weniger Platz.

Mit Angriffen gekonnt umgehen: Die Deeskalationsstrategie

Lautet die Antwort dann, die Kundin fühlt sich nicht angemessen behandelt, kann der Mitarbeiter im Gespräch darauf eingehen. Hier gibt es folgende Möglichkeiten:

1. Ignorieren der Aussage des Gegenübers: Machen Sie mit dem ursprünglichen Thema weiter

Diese Strategie eignet sich vor allem zum Beginn des Gespräches. Der Mitarbeiter ignoriert die Angriffe und Provokationen der Kundin. Stattdessen geht er auf den Grund des Anrufes ein: die Verspätung des Servicemitarbeiters. Seine Antwort auf die Beschwerde könnte lauten: „Danke für Ihren Hinweis, ich werde direkt nachhören, wann der Servicemann bei Ihnen ist. Unter welcher Nummer kann ich Sie in der nächsten halben Stunde erreichen?“ Mit dem Dank vermittelt er der Kundin die vermisste Wertschätzung. Den gezeigten Ärger und ihre Beleidigungen ignoriert er. Diese Strategie kann in der Regel ein- bis zweimal angewendet werden. Wenn der Ärger nicht allzu groß ist, reicht sie aus, das Gegenüber wieder zum sachlichen Gespräch zu bewegen. Wenn die Wut jedoch so übermächtig ist, dass die Kundin sich durch dieses lösungsorientierte Vorgehen nicht beruhigen lässt, dann ist es Zeit sie ‚emotional abzuholen'.

2. Holen Sie Ihren Gesprächspartner emotional ab

Diese Strategie ist sinnvoll, um der Kundin zu zeigen, dass der Mitarbeiter ihre Verärgerung wahrnimmt oder sogar dafür Verständnis hat. Die Kundin fühlt sich dadurch vom Mitarbeiter besser verstanden und angenommen. Der Druck, ihn anzugreifen, sinkt deutlich.

a) Spiegeln, d.h. benennen Sie die Gefühle, die Sie beim anderen erleben: „Ich merke, Sie sind aufgebracht."

Auf diese Weise signalisiert der Mitarbeiter, dass er die Verärgerung der Kundin wahrnimmt und respektiert. Damit kommt er ihrem Bedürfnis nach Akzeptanz und Wertschätzung entgegen. Wir reagieren immer dann übermäßig aggressiv, wenn wir das Gefühl haben, viel Druck ausüben zu müssen, weil wir sonst nicht wahrgenommen werden. Hierbei handelt es sich zumeist um eine völlig unbewusste Reaktion, mit der wir erreichen wollen, ernst genommen zu werden.

b) Zeigen Sie Verständnis für die Gefühle Ihres Gegenübers: „Ich verstehe Ihre Verärgerung."

Verständnis zu zeigen, geht über das Wahrnehmen und Respektieren der Gefühle hinaus. In diesem Fall signalisiert der Mitarbeiter sogar Verständnis für die Verärgerung und Wut seiner Kundin. Hier ist es besonders wichtig, dass es keine reine Floskel ist. Verständnis zu zeigen kann nur dann authentisch wirken, wenn es auch wirklich vorhanden ist. Kann der Mitarbeiter kein Verständnis aufbringen, dann bleibt er besser beim Spiegeln der Gefühle.

c) Verdeutlichen Sie Ihre eigenen Gefühle: „Es macht mich betroffen, dass Sie mir nicht vertrauen."

Weil diese Strategie die stärkste Wirkung hat, sollte sie nie als Floskel verwendet werden. Wenn die Kundin immer wieder zum Angriff übergeht, sich nicht beruhigt und keiner Lösung gegenüber offen ist, sondern weiter schimpft, dann kann diese Strategie sinnvoll sein. Der Mitarbeiter zeigt ihr in dem Moment seine eigenen Emotionen. Er gibt ein Stück von sich preis, auch seine Verletzlichkeit. In vielen Fällen überrascht dies den schimpfenden Gesprächspartner und führt zur schnellen Einsicht. Entschuldigungen wie: „Oh, ich wollte Sie nicht persönlich angreifen. Ich weiß ja, dass Sie gar nichts dafür können", sind häufig die Folge. Die Strategie kann aber nur funktionieren, wenn keine negative Bewertung oder Unterstellung enthalten ist. Sollte der Mitarbeiter sagen: „Ihr unmögliches Verhalten macht mich betroffen", erreicht er damit keine Änderung des Verhaltens bei der Kundin. Im Gegenteil, sie wird sich weiterhin angegriffen fühlen.

3. Bieten Sie ihrem Gesprächspartner aktiv eine Lösung an

Es ist schwer, rein verstandesmäßige Lösungen zu entwickeln, wenn wir emotional aufgebracht sind. Wenn Kampf oder Flucht unsere Reaktionen bestimmen, lässt sich schlecht sachlich über Lösungen verhandeln. Daher geschieht die Erarbeitung einer Lösung immer erst, nachdem die Emotionen sich etwas beruhigt haben. In unserem Beispiel bietet der Mitarbeiter der Kundin aktiv und mit deutlicher Bereitschaft eine Lösung an.

Respektvolle Sprache

Die Sprache ist ein Werkzeug. Richtig eingesetzt, kann man mit ihrer Hilfe Konflikte vermeiden, beziehungsweise ihre Eskalation verhindern. Ich nenne dieses Werkzeug die respektvolle Sprache. Bei ihr gilt es, alle Sprachanteile zu vermeiden, die beim Gegenüber Frustration, Enttäuschung, Druck, Angst oder Schuldgefühle auslösen. Negative Gefühle führen nur dazu, dass mein Gegenüber sich wehrt oder ausweicht. Auf diese Weise verläuft die Entwicklung des Konflikts negativ.

Vermeiden Sie deshalb im Gespräch:

- Analyse: „Wenn Du das beachtet hättest..."
- Kritik: „So ist das falsch, das macht man so..."
- Bewertungen: „Du bist klug, faul, richtig, falsch..."
- Strafandrohungen: „Wenn Du nicht sofort, dann..."

- Regeln und Normen: „Du solltest…“
- Sich im Recht fühlen: „Ich weiß, was richtig ist…“

Nutzen Sie dagegen die Kriterien respektvoller Sprache:

- Spiegeln statt bewerten
  „Sie sind viel zu wütend, um mit mir hier sachlich an einer Lösung zu arbeiten.“ Eine solche Aussage bewertet das Verhalten des anderen. Dagegen wird er sich wehren. Daher ist es besser, das Wahrgenommene nur zu spiegeln: „Ich sehe, dass Sie wütend sind.“ Dieser Satz gibt eine Beobachtung wieder, aber er wertet nicht. Der Gesprächspartner wird sich auf diese Weise eher verstanden fühlen.
- Bedürfnisse des Gegenübers herausfinden
  Zu wissen, welche Bedürfnisse mein Gegenüber hat, hilft mir, den entstehenden Konflikt zu entschärfen. Die Kundin beschwert sich wutentbrannt bei der Hotline, weil der Servicemitarbeiter noch nicht erschienen ist. Der Mitarbeiter fragt sie: „Ich merke, Sie sind sehr verärgert, weil wir Sie umsonst haben warten lassen und niemand Sie wegen der Verspätung angerufen hat. Sie fühlen sich von uns nicht gut bedient.“ Die Kundin wird dem Mitarbeiter nun zustimmen oder ihn korrigieren. Beides hilft ihm, den Ärger der Kundin besser zu verstehen und eine sinnvolle Lösung anzubieten.
- Bitten statt Fordern
  „Ich erwarte von Dir, dass Du die Küche wieder ordentlich verlässt.“ Solche Befehle erzeugen schnell Gegenwehr. Als Bitte formuliert, mit der Nennung des eigenen Bedürfnisses, lässt sich dies vermeiden: „Wenn ich morgens in die Küche komme, habe ich es gern sauber und aufgeräumt. Ich bitte Dich daher, die Küche heute Abend wieder in Ordnung zu bringen.“
- Lösungen statt Schuldige suchen
  Halten Sie sich nicht mit bei der Frage nach Recht oder Unrecht oder mit der Suche nach dem Schuldigen auf. Dies ist zum einen eine Sache der Perspektive und zum anderen haben solche Überlegungen bei der Lösung von Konflikten noch nie geholfen.

- Ich-Botschaften formulieren
  Dabei erkläre ich eine Situation oder Verhalten, wie ich sie empfinde oder wahrnehme. Vor allem bei der Äußerung von Kritik ist es wichtig, in Ich-Botschaften zu formulieren: „Ich habe das Gefühl, dass Du unzufrieden bist", anstelle von „Du bist unzufrieden". Ich-Botschaften verdeutlichen, dass ich mir meiner Subjektivität bewusst bin. Dies ist meine Ansicht, meine Wahrnehmung, mein Gefühl, meine Interpretation. Es ist nicht die Wahrheit. Der Gesprächspartner fühlt sich deutlich weniger bewertet oder kritisiert und angegriffen.

5.3 Umgang mit den eigenen Bedürfnissen und Gefühlen

Es reicht nicht aus, sich mit den Bedürfnissen und Gefühlen unseres Gegenübers auseinanderzusetzen. Denn oftmals stehen wir uns bei der Lösung eines Konfliktes buchstäblich selbst im Weg.

Gudrun steht in der Einkaufsschlange. Sie hat es heute sehr eilig, aber es geht nur langsam weiter. Unruhig tritt sie von einem Fuß auf den anderen. Doch gerade als sie ihre Sachen auf das Band legen will, schließt die Mitarbeiterin die Kasse. Gudrun ist fassungslos und poltert los: „So eine Frechheit! Hätten Sie das nicht schon vor zehn Minuten sagen können? Glauben Sie, ich habe endlos Zeit mich in diesem Saftladen hier anzustellen? So geht das nicht, ich will sofort die Marktleitung sprechen. Das wird ein Nachspiel haben!"

Gudrun will in diesem Moment alles andere als eine freundliche Konfliktlösung. Sie lässt ihrem Ärger freien Lauf. Mit viel Druck will sie die Mitarbeiterin zwingen zu kassieren. Drohungen und die Lust auf Rache gewinnen die Oberhand. Jeder von uns wird schon einmal in eine solche Situation gekommen sein. Wir sind in diesem Moment so wütend, gekränkt oder auf Rache aus, dass unsere negativen Gefühle es nicht zulassen, auf den anderen zuzugehen. Sie sorgen dafür, dass wir den Konflikt gewinnen wollen, auch auf Kosten des anderen. Oder wir fühlen uns so verletzt, hilflos oder traurig, dass wir uns dem Konflikt nicht weiter aussetzen möchten.

Marie will sich eine neue Hose kaufen. Die Verkäuferin steht in einer Ecke und unterhält sich mit einer Bekannten. Niemand beachtet sie. Da sich Marie nicht aufdrängen will, quält sie sich allein mit der Anprobe ab. So ist sie gezwungen, sich jedes Mal wieder komplett anzuziehen, um eine andere Größe, ein anderes Modell aus dem Verkaufsraum zu holen. Sie kommt schon leicht ins Schwitzen. Dabei hat sie das unangenehme Gefühl, von den beiden in der Ecke beobachtet zu werden. Als sie endlich fündig geworden ist, schießt die Verkäuferin auf sie zu: „Diese Hose darf es sein? Oh, die können Sie so nicht kaufen! Sehen Sie nicht, dass sie zu einem Anzug gehört? Da müssen Sie schon die Jacke mitkaufen." Marie ist verunsichert und fühlt sich von der dominant auftretenden Verkäuferin in die Enge gedrängt. Sie gibt ihr, eine Entschuldigung murmelnd, die Hose zurück und verlässt das Kaufhaus.

Marie will sich dem Konflikt möglichst schnell entziehen. Sie fühlt sich gegenüber der Verkäuferin hilflos. Deren rüde Art hat sie verletzt und verunsichert. Diese Gefühle sorgen dafür, dass sie das Geschäft schnell wieder verlässt. So wie Marie versuchen wir in ähnlichen Situationen eine Scheinharmonie aufrechtzuerhalten oder den Ort des Geschehens möglichst schnell zu verlassen.

In beiden Beispielen regieren die starken Emotionen Ärger und Angst. Ärger führt schnell zum Kampf, Angst zur Flucht oder Verdrängung. Daher ist es unerlässlich, in Konflikten die eigenen Bedürfnisse zu hinterfragen. Hindern uns äußere Umstände oder andere Personen daran, unsere Bedürfnisse zu befriedigen, reagiert unser Gehirn mit der Ausschüttung von Stresshormonen. Unser Gehirn ist blockiert. Anstelle vom Verstand werden wir von unseren Hormonen gesteuert.

Um in der Lage zu sein, die bereits erwähnten Lösungsstrategien aus diesem Kapitel anzuwenden, ist es hilfreich, Denkblockaden zu verhindern.

Was will ich mit meinem Verhalten erreichen?

Mutter und Tochter haben wieder Streit, weil die Kleine ihr Zimmer nicht aufgeräumt hat. Die Mutter schmeißt laut schimpfend die herumliegenden Dinge ihrer Tochter in das Kinderzimmer. Daraufhin setzt sie sich entnervt auf das Sofa und stellt frustriert fest, dass es an diesem Punkt immer wieder zu hässlichen Auseinandersetzungen kommt.

Stellen wir der Mutter die Frage: „Was willst Du mit Deinem Verhalten erreichen?", hören wir die Antwort: „Ich will meiner Tochter ein gewisses Maß an Ordnung beibringen, damit sie sich in der Gesellschaft zurechtfindet." Wenn aber das ihr Ziel ist, kann dann ihr gezeigtes Verhalten dazu beitragen? Verärgert und laut schimpfend die Gegenstände der Tochter zurück ins Zimmer werfen, wird wohl kaum dazu führen. Warum hat sie sich dann so verhalten? Dahinter steckt ihr eigenes nicht erfülltes Bedürfnis, von der Tochter respektiert und ernst genommen zu werden. Dies führt verständlicherweise zu Ärger und zu unüberlegten Reaktionen.

Wichtig ist es, sich vorher zu fragen: „Was soll das Ziel meines Verhaltens sein?" Sehe ich das gewünschte Ergebnis deutlich vor meinen Augen, dann fällt es mir wesentlich leichter, mich dementsprechend zu verhalten. Denn unsere Gefühle sind eng verbunden mit unseren Gedanken.

Das heißt, bestimmte Gedanken lösen in uns bestimmte Gefühle aus. Biologisch gesehen wird jeder Gedanke – ebenso wie eine Sinneswahrnehmung – vom Gehirn verarbeitet. Wem ist nicht schon beim bloßen Gedanken an ein leckeres Essen das Wasser im Mund zusammengelaufen? Daher ist es uns möglich, unsere Gefühle in Konfliktsituationen über unsere Gedanken zu steuern. Denkt die Mutter: „Warum hört meine Tochter nicht auf mich? Warum ist sie nur so unordentlich?", wird sie sich deutlich mehr ärgern, als bei der Frage: „Was will ich erreichen?"

Mensch ärgere Dich weniger

Angst und Ärger sind die Basisgefühle bei Konflikten. Oftmals werden sie im Falle eines Konflikts sogar gleichzeitig mobilisiert. Nicht immer ist es für uns eindeutig, was wir gerade empfinden. Beiden gemeinsam ist, dass sie uns unnötige Energie und viel Kraft kosten.

„Da habe ich mich mal wieder richtig geärgert. Der Ärger hat mich meine ganze Kraft gekostet und keinen Raum für andere, schöne Dinge gelassen. Es hat Stunden gedauert, mich nicht mehr zu ärgern. Und als ich es am Abend meinem Mann erzählt habe – da war er wieder da, der Ärger. Mein Mann hat sich dann auch gleich mit mir zusammen geärgert. Darüber haben wir sogar unseren Lieblingsfilm vergessen. Das hat uns noch mehr geärgert."

Ärgern lohnt sich nicht, weil:

- … Stresshormone ausgeschüttet werden.
  Je mehr wir uns ärgern, umso mehr Stresshormone werden ausgeschüttet, die ihrerseits unseren Ärger noch vergrößern. Dies kostet Kraft und schädigt unsere Gesundheit.
- … Ärger klares Denken verhindert.
  Dank der Stresshormone kommt es in unserem Gehirn zu Denkblockaden. Wenn wir uns ärgern, fällt uns keine gute Lösung ein. Meist beharren wir auf einer Sache, auf die unser Tunnelblick unsere Sichtweise reduziert. Ärger verhindert die Fähigkeit zur positiven Konfliktlösung. Auch unsere Sprache kennt diese Denkblockaden: „Ich war ohnmächtig vor Wut", oder „Vor lauter Ärger konnte ich nicht mehr klar denken".
- … Ärger ansteckend wirkt.
  Gefühle stecken an. Wir lassen uns von einem begeisterten Menschen ebenso leicht anstecken, wie von einem lachenden, leider aber auch von einem verärgerten. Wenn wir uns ärgern, dann erzählen wir es gern weiter und lassen andere Menschen daran teilhaben. Diese ärgern sich gleich mit. Leider führt ‚darüber reden' nicht zum Abbau

des Ärgers. Jedes Mal, wenn wir über unseren Ärger reden, erleben wir ihn aufs Neue. Wir halten ihn dadurch am Leben.

- ... Ärger unsere Energien verbraucht.
  Wenn Ärger uns Energien kostet, dann fehlt uns die Kraft für andere Dinge. Vor allem für die schönen Seiten des Lebens. In dem Moment, in dem wir uns ärgern, nehmen wir Schönes nicht mehr wahr. Nur noch das, was unseren Ärger weiter schürt.
- ... Ärger einen Schuldigen braucht.
  Wenn wir uns ärgern, brauchen wir dafür einen Schuldigen. Nicht selten trifft es völlig Unbeteiligte, die leider gerade zur falschen Zeit am falschen Ort sind.
  Mein Mann hat verschlafen. Jetzt raten Sie einmal, wer daran schuld ist. In der Regel trifft es mich. Auch wenn ich nicht offiziell zur Schuldigen ernannt werde, so richtet sich zumindest seine schlechte Laune gegen mich.

Was können wir also tun, um uns weniger zu ärgern? Um in wichtigen Situationen, in denen wir einen klaren Kopf benötigen, frei von Ärger zu sein?

Mit dem Bauch atmen

Durch eine bewusste rhythmische Bauchatmung können Sie vor allem eines erreichen: Entspannung. Und die haben Sie dringend nötig, weil bei Ärger alle Muskeln angespannt sind.

Wir unterscheiden grundsätzlich zwei Arten der Atmung: flache und tiefe. Im Unterschied zur flachen Atmung, bei der das Fassungsvermögen der Lunge durch den Brustkorb eingeschränkt ist, kann sich bei der tiefen Atmung die Lunge im Bauch- und Flankenraum ungehindert ausdehnen. Durch tiefes Durchatmen wird die Sauerstoffzufuhr erhöht, das Gehirn wieder mit Sauerstoff versorgt und aktiviert. Der Kreislauf wird in Schwung gebracht und der Körper entspannt sich. Tiefes Atmen in den Bauch baut Stresshormone wieder ab. Verringern sich die Stresshormone in unserem Körper, schwinden auch unsere negativen Gefühle wie Ärger und Wut.

Auch auf unsere Stimme hat eine tiefe Atmung einen positiven Einfluss. Denn bei Stress verspannt sich die Kehlkopfmuskulatur. Dadurch erhöht sich die Stimme und erhält einen angespannten, metallenen Klang. Diese Veränderungen kann der Gesprächspartner wahrnehmen und gegebenenfalls auch angespannt darauf reagieren. Tiefes Durchatmen lockert die Kehlkopfmuskulatur und ermöglicht einen normalen Klang der Stimme.

Da wir als Europäer kaum gelernt haben, mit dem Bauch zu atmen, sondern hauptsächlich flach mit dem Brustkorb atmen, sind wir wesentlich anfälliger für die Stressauswirkungen. Am leichtesten kann man die Bauchatmung beim bewussten Gehen lernen.

Beginnen Sie damit, dass Sie zunächst zwei Schritte tief einatmen. Achten Sie darauf, dass sich Ihr Bauch beim Einatmen nach außen wölbt. Die nächsten zwei Schritte atmen Sie langsam aus. Gehen Sie dabei bitte langsam und gleichmäßig. Nach einigen Durchläufen erhöhen Sie die Schrittzahl. Sie gehen drei Schritte und atmen dabei langsam ein, dann gehen Sie wieder drei Schritte und atmen langsam aus. Probieren Sie es im Laufe der nächsten Tage mit vier Schritten, dann mit fünf. Sie werden merken, dass Sie immer länger ein- und ausatmen können, je öfter Sie diese Übung durchführen. Optimal sind ca. zehn Minuten pro Tag. Aber bereits nach zwei Minuten rhythmischen Atmens spüren Sie, dass Sie ruhiger und entspannter werden, Ihr Ärger hat sich reduziert.

Mithilfe der Bauchatmung lassen sich die Stresshormone, und damit der Ärger, schnell abbauen. Wenn Sie in akuten Situationen bewusst mit dem Bauch atmen, genügen einige tiefe Atemzüge, um eine entspannende Wirkung zu erreichen.

Positive Gefühle entgegensetzen

Wer sich weniger ärgert, lebt gesünder. Forschungen im Labor haben ergeben, das positive Gefühle unsere T-Zellen-Produktion anregen, die unser Immunsystem zur Bekämpfung von Krankheitserregern benötigt.

Das Wunder des Verzeihens

Wenn Sie verzeihen, befreien Sie sich aktiv von Ihren negativen Gedanken und Gefühlen. Verzeihen ist damit ein Akt der aktiven Lebensgestaltung, denn Sie übernehmen damit Verantwortung. Wer verzeiht, lässt nicht zu, dass andere Menschen oder Ereignisse das eigene Leben dauerhaft beeinflussen. Wer vergeben kann, öffnet sich für Neues. Verzeihen wird häufig als ein Zeichen von Schwäche gesehen. Tatsächlich ist aber genau das Gegenteil der Fall. Es erfordert eine ganze Menge Mut und Kraft, bereit zu sein, mit Dingen abzuschließen.

Wenn wir im Konfliktfall zu einer freundlichen Lösung kommen wollen, dann müssen wir auch fähig sein, negatives Verhalten der anderen zu vergessen, zu verzeihen. Sonst ärgern wir uns immer wieder über sie. Denken Sie daran: Es kostet uns mindestens genauso viel Kraft und Energie, dauerhaft Feindschaft aufrechtzuerhalten, zu grollen, zu hadern und auf Genugtuung zu hoffen. Verzeihen braucht jedoch Zeit. Gestehen Sie sich also ganz bewusst zu, dass das mit dem Verzeihen nicht immer gleich auf Anhieb klappt. Beim Verzeihen helfen können symbolische Akte: bewusstes Wegwerfen von belastenden Dingen oder eine inszenierte Verabschiedung von schlechten Gefühlen.

Das Gute entdecken

Eine große Herausforderung ist es, im anderen nicht das Negative zu sehen, sondern Gutes zu suchen. Jeder Mensch hat gute und schlechte Seiten. Im Konfliktfall, wenn wir uns ärgern, sehen wir nur die schlechten. Versuchen Sie doch einmal ganz bewusst in einer solchen Situation etwas Positives an dem anderen zu finden. Es hilft dabei, Ärger abzubauen.

Auch diese Strategie kostet zunächst Überwindung, aber sie lohnt sich. Ich habe es mir mittlerweile angewöhnt, an jedem der mir begegnet, etwas Positives zu suchen. Das ist wie ein kleines Spiel.

Auf der Suche nach dem Witz

Humor ist, wenn man trotzdem lacht. So negativ will ich das gar nicht sehen. Alles auf dieser Welt hat zwei Seiten. Es liegt an uns, ob wir fähig sind, auch die positiven, die amüsanten, die schönen Dinge zu sehen, oder ob wir uns immer auf das Negative und Traurige konzentrieren. Viele Situationen sind, häufig ungewollt, sehr komisch. Wir könnten darüber lachen, aber wir wählen lieber den Ärger.

Die Kunst der Umdeutung

Wörter prägen und steuern unsere Gedanken. Unser Unterbewusstsein macht dabei keinen Unterschied, ob es wirklich gesagt oder nur gedacht wird: „Ist das furchtbar, gemein, hinterhältig…" Gedacht oder ausgesprochen sorgen diese negativen Begriffe dafür, dass sich unsere ablehnende Haltung weiter festsetzt. Ersetzen Sie negative Wörter mit positiven oder neutralen Ausdrücken: Statt „Wie kann man sich nur so schlecht anziehen!" besser „Was für ein außergewöhnliches Kleid!" Statt „Der neue Kollege geht mir auf die Nerven" lieber „Der neue Kollege fordert mich ganz schön." Anderer Ausdruck – andere Wirkung. Vor allem im Gespräch mit anderen.

Typische Situation im Büro. Der Kollege Schmidt beschwert sich: „Da hat gerade wieder der arrogante Herr Müller angerufen. Mit so einem habe ich wirklich keine Lust zu reden. Der dreht mir immer das Wort im Mund herum." Die anderen Kollegen hören zu und nehmen das Negative auf. Wenn Herr Müller das nächste Mal anruft, dann wollen auch die anderen Kollegen nur ungern mit ihm sprechen. Sie sind negativ vorbelastet. Ein neutrales oder gar freundliches Gespräch wird deutlich schwieriger. Sagt Herr Schmidt stattdessen: „Herr Müller hat sich wieder gemeldet. Er ist eine wirkliche Herausforderung für mich. Ich bin gespannt, ob ich es beim nächsten Mal schaffe, ihn zu überzeugen", dann sind die anderen Kollegen auf Herrn Müller zwar gut vorbereitet, aber nicht vorbelastet. Auch für Herrn Schmidt verbessert sich auf diese Weise das Verhältnis zu Herrn Müller. Mit dem Begriff der Herausforderung hält er sich das Verhältnis zu ihm offen. Es bekommt sogar eine positive Spannung: „Werde ich es das nächste Mal schaffen?“ anstelle der negativen Stimmung: „Mit dem will ich gar nicht mehr sprechen.“

Wissen, was zu ändern ist
„Gott gebe mir die Gelassenheit, Dinge hinzunehmen, die ich nicht ändern kann, den Mut, Dinge zu ändern, die ich ändern kann, und die Weisheit, das eine vom anderen zu unterscheiden.“ (Reinhold Niebuhr)

Hin und wieder kommen wir in eine Konfliktsituation, in die wir unsere ganze Kraft stecken, um sie zu lösen. Doch wir schaffen es nicht. Dies ärgert uns sehr. Wir verlieren an Kraft und Energie. Alle Anstrengung scheint umsonst gewesen zu sein. Nichts hat sich geändert.

Diese negative Erfahrung machen wir häufig in Konflikten, in denen sehr unterschiedliche Einstellungen und Werte aufeinander prallen. Hier ist es hilfreich zu erkennen und vor allem zu akzeptieren, was wir ändern können und was nicht. Was nützt uns aller Ärger, wenn nichts anders wird? Die Unterschiede bleiben. Es macht keinen Sinn, dass wir unser Wohlbefinden verlieren und am Ende auch noch krank werden.

Wir haben in einem solchen Fall zwar keinen Einfluss auf unser Gegenüber, doch es besteht die Möglichkeit, unser eigenes Verhalten zu verändern. Verwenden wir unsere Kraft für uns selbst, dann ist der Erfolg deutlich größer als beim Versuch, den anderen ändern zu wollen.

Ängste abbauen

Angst hat eine lebenswichtige Funktion. Sie sagt uns, dass wir in einer bedrohlichen Situation schnell etwas unternehmen müssen. Problematisch ist es allerdings, wenn wir dieses Gefühl entwickeln, obwohl keine wirkliche Gefahr besteht. Der Begriff Angst kommt ursprünglich aus dem Lateinischen und bedeutet übersetzt ‚eng‘. Das Wort beschreibt sehr gut, was wir empfinden, wenn wir Angst haben. Wir fühlen uns in eine Ecke gedrängt, hilflos und beengt. Angst blockiert unser Denken und unterdrückt unser normales Verhalten. Sie hemmt unsere natürliche Neugier und unser Interesse für die Umwelt. Körperlich reagieren wir durch die Ausschüttung von Stresshormonen, unsere Durchblutung wird gestört, unser Herz rast, unser Atem stockt und unsere Muskeln verkrampfen. Wir erleben negativen Stress. Wenn wir Angst haben, möchten wir spontan fliehen. Allerdings ist es hilfreich, zwischen Angst und Furcht zu unterscheiden. Furcht bezieht sich stets auf ein bestimmtes Objekt, Angst dagegen bezeichnet das Gefühl. Häufig wollen wir vor allem dem Gefühl der Angst entfliehen, so dass es nur noch im Unterbewusstsein arbeitet.

In Konflikten verhindern Angstgefühle, dass wir uns der Auseinandersetzung stellen. Angst führt in Konfliktsituationen zur Flucht oder Verdrängung. Sie entsteht, weil wir negative Folgen befürchten, beispielsweise dass sich eine Beziehung verschlechtert. Oder wir fühlen uns der Auseinandersetzung nicht gewachsen und fürchten, im Konflikt zu unterliegen.

Angst erzeugt nicht immer Fluchtverhalten. Bei einem Hund, der sich vor Angst in die Ecke flüchtet, besteht die Gefahr, dass er zubeißt. In der Ecke kann er nicht mehr fliehen und das Fluchtverhalten wandelt sich in einen Angriff. Er beißt aus Angst. Dieses Verhalten gibt es auch bei uns Menschen.

Unabhängig davon, ob Sie aus Unsicherheit und Angst die Flucht ergreifen oder kämpfen: Solange uns die Angst beherrscht, sind überlegte sinnvolle Handlungen unwahrscheinlich.

Um die Angst in den Griff zu bekommen, bietet sich die gleiche Atemtechnik an, die den Ärger abbaut. Angst und Hilflosigkeit entstehen auch durch die Ausschüttung von Stresshormonen. Hier hilft die bewusste, tiefe Atmung mit dem Bauch.

Negative Konsequenzen bewusst machen

Angst vor Konflikten führt zur Verdrängung, zur Flucht oder zur Verleugnung. Wir versuchen alles, der anstehenden Auseinandersetzung zu entkommen. Dieses Verhalten löst den Konflikt jedoch nicht, sondern bewirkt meist nur, dass wir uns auf längere Sicht unwohl fühlen. Damit schwächen wir auch unser Immunsystem. Diese Angst können wir im akuten Konfliktfall reduzieren, indem wir unsere Befürchtungen konkretisieren. Nur weil wir unangenehme Folgen erwarten, heißt das nicht, dass wir immer eine klare Vorstellung von ihnen haben. Meistens empfinden wir nur ein unspezifisches Unwohlsein vor der Auseinandersetzung und dem, was danach kommt. Hier hilft es, sich in Ruhe Gedanken über mögliche und vor allem realistische Konsequenzen zu machen und diese schriftlich niederzulegen. Haben wir sie konkretisiert und auf dem Papier schwarz auf weiß vor uns stehen, ist die Wahrscheinlichkeit groß, dass sich die möglichen Folgen durchaus als überschaubar darstellen. Jetzt haben wir eine deutliche Vorstellung von dem, was im schlimmsten Fall auf uns zukommen kann. Dies hilft uns bei den Überlegungen, wie wir den Konflikt am besten angehen, ohne dass die befürchteten Folgen eintreten werden.

Sich selbst positiv beeinflussen

Suggestion ist hier das Zauberwort. Darunter wird die Beeinflussung von Denken, Fühlen und Handeln verstanden. Wir können demnach bewusst unser Unterbewusstsein trainieren, an etwas zu glauben – im positiven wie im negativen Sinn. So kennen Sie vielleicht auch den Ausspruch: „Das schaffe ich nie." Oder: „Ich bin mit dem falschen Fuß aufgestanden. Alles läuft heute schief." Wahrscheinlich läuft an solchen Tagen wirklich alles schief.

Beeinflussen Sie sich dagegen positiv, dann stärken Sie sich unbewusst selbst. Ihr morgendliches Ritual können Sie beispielsweise so für sich gestalten: Sagen Sie sich vor dem Aufstehen jeden Morgen einen positiven Satz wie „Ich bin zuversichtlich und der Tag wird gut verlaufen." Auch bei Konfliktsituationen kann die positive Beeinflussung genutzt werden: „Ich bin selbstsicher und kompetent." Oder: „Ich bin ruhig und gelassen." Achten Sie darauf, auch im Zwiegespräch mit sich selbst eine ruhige Tonlage zu nutzen und langsam zu sprechen. Sie werten sich dadurch selbst positiv auf und schöpfen Kraft, sowohl in schwierigen, als auch in stressigen Situationen.

Suggestion funktioniert umso effektiver, je häufiger wir sie anwenden. Wiederholen wir diese Suggestion mindestens vier Mal, so setzt sie sich in unserem Unterbewusstsein fest und wird zur Überzeugung. Und was verdrängt die Angst vor schwierigen Situationen besser und gibt mehr Selbstbewusstsein als eine positive Selbstwahrnehmung?

Der Impfstoff „positive Erfahrung"

Selbstbewusstsein ist nicht angeboren, sondern eine erlernte Fähigkeit. Leider verringert sich unser Selbstbewusstsein nach negativen Erfahrungen. Erleben wir eine Situation, die aufgrund unseres eigenen Verhaltens schiefgegangen ist, trauen wir uns beim nächsten Mal weniger zu. Als Folge davon werden wir ängstlicher. Wer zum Beispiel im Urlaub bei hohem Wellengang mehrfach von Wellen überspült wurde und Meerwasser geschluckt hat, wird die kommenden Male ängstlicher bei hohem Wellengang sein und vielleicht nur bei ruhiger See schwimmen gehen. Ebenso wird sich ein Mitarbeiter, der mehrfach von seinem Vorgesetzten wegen massiver Schreibfehler kritisiert wurde, in Bezug auf Rechtschreibung nicht sicher fühlen.

Viele Menschen neigen dazu, positive Erfahrungen herunterzuspielen und ihre eigene Kompetenz abzuwerten. „Das war nur Zufall" oder „Das hätte bei Dir auch geklappt" sind Aussagen, die dies deutlich machen. Dabei gibt es im Laufe jeden Tages viele Situationen, die jeder positiv meistert. Man muss sie sich nur bewusst machen.

Impfen Sie sich daher selbst: Überlegen Sie sich, was Sie gut gemacht haben. Dadurch sammeln Sie bewusst positive Erfahrungen. Auch das kann als Ritual gestaltet werden: Nutzen Sie jeden Abend den Nachhauseweg, um sich Ihre positiven Erlebnisse des Tages zu vergegenwärtigen: das Lob eines Kollegen, das Lächeln eines zufriedenen Kunden oder der gute Abschluss eines Projekts zählen dazu.

Teil 2

In diesem zweiten Teil des Buches präsentiere ich Ihnen eine Vielzahl unterschiedlicher Konfliktfälle. Diese Fallbeispiele zeigen die verschiedenen Sichtweisen und Lösungsmöglichkeiten von Konflikten auf. Sie erhalten dadurch ein breites Spektrum von Anwendungsmöglichkeiten für Ihr berufliches und privates Umfeld. Auch wenn Sie sich nicht in jedem Beispiel wieder findenwerden, liefern sie dennoch Anregungen, die eigenen Konflikte einmal anders anzugehen. Dabei gehe ich nicht immer auf alle Aspekte und Strategien ein, denn nicht alle Punkte sind für das jeweilige Beispiel gleichermaßen interessant, beziehungsweise geeignet. Stattdessen greife ich, je nach Konfliktsituation, bestimmte Themen auf, die im jeweiligen Zusammenhang von besonderer Bedeutung sind.

Noch einmal, weil es so wichtig ist: Konflikte sind nur dann freundlich zu lösen, wenn wir bereit sind, den Konflikt und seine Ursachen zu hinterfragen. Diese Auseinandersetzung ist bereits ein Teil der Lösung. Denn nur, wenn wir den Konflikt verstehen, können wir unser Verhalten, unser Handeln richtig einsetzen. Aus diesem Grund habe ich bei jedem Fallbeispiel die Konfliktsituation hinterfragt. Im Anschluss an diese Analyse zeige ich mögliche Wege für die Lösung auf. Diese können Sie mit Hilfe des Trainingsprogramms für sich selbst ausprobieren und üben.

6 Konflikte mit Kollegen

Konflikte am Arbeitsplatz unter Kollegen gehören zum Alltag. Meist sind es kleine Konflikte, die immer einmal wieder auftreten, ohne uns besonders herauszufordern und zu belasten. Doch ab und zu kommt es vor, dass aus diesen Kleinigkeiten größere Probleme werden. Die kleine Streitigkeit oder Verstimmung bleibt länger bestehen als erwartet, aus ihr erwachsen weitere und heftigere Konflikte. Dies geschieht zum einen deshalb, weil wir uns unsere Kollegen nicht aussuchen können und zum anderen aufgrund der vielen Zeit, die wir zwangsläufig miteinander verbringen. Wir arbeiten zwar häufig an der gleichen Sache, konkurrieren jedoch nicht selten miteinander, verfolgen dabei unterschiedliche Ziele oder gehen mit verschiedenen Einstellungen und Wertvorstellungen an Aufgaben heran. So unangenehm Konflikte mit Kollegen sein können – sie sind dennoch notwendig, um Stagnation zu verhindern, um sich weiterentwickeln zu können und etwas zu verändern.

6.1 Die Sympathie fehlt

Haben Sie auch einen Kollegen, den Sie einfach nicht leiden können? Dem Sie lieber aus dem Weg gehen? Bei dem Sie jedes Mal das Bedürfnis haben, direkt zu widersprechen, wenn er den Mund aufmacht?

Wenn uns ein Mensch, aus welchen Gründen auch immer, nicht sympathisch ist, dann führt dies leicht zu einem Beziehungskonflikt. Fehlt die Sympathie, dann fehlt häufig auch das Verständnis für den anderen. Wir versetzen uns wesentlich leichter in Menschen hinein, die wir mögen. Ist das nicht der Fall, dann sind uns seine Beweggründe eher gleichgültig. Sobald wir uns jedoch in Konfliktsituationen nicht in unser Gegenüber hineinversetzen, können wir den Konflikt nicht mehr positiv, geschweige denn freundlich, lösen.

Dem Drang, jemandem aus dem Weg zu gehen, können wir im Beruf nicht immer nachgeben. Wir sind gezwungen miteinander zu arbeiten und Kontakt zu haben. Dies kann zu unterschiedlichen Reaktionen führen:

- Wir überspielen unsere Antipathie und versuchen, unsere Konflikte nicht zu zeigen, sondern sie zu verdecken.
- Oder wir zeigen unsere Antipathie deutlich und tragen unsere Konflikte offen aus.

Beide Reaktionen führen zu weiteren Problemen in der Beziehung. Der verdeckte Konflikt verhindert eine Lösung, die Spannungen brodeln weiter unerkannt unter der Oberfläche und führen wahrscheinlich irgendwann zum unkontrollierten Ausbruch.

Wenn die Antipathie dagegen deutlich zum Vorschein kommt, führt dies zu respektlosem Umgang, der das Klima im Unternehmen und die Zusammenarbeit schädigt.

Fallbeispiel: Ein Büro für zwei

Herr Holzmann und Frau Binder teilen sich seit einem Jahr unfreiwillig ein Büro. Herr Holzmann ist ein offener, engagierter Mensch, der den Kontakt mit anderen liebt und auch aktiv sucht. Ständig klingelt das Telefon oder es kommen Kollegen auf ein kurzes Schwätzchen vorbei. Dabei geht es meist laut und lustig zu. Frau Binder hat damit ein Problem. Sie meint, er versuche sich stets in den Mittelpunkt zu stellen und Eindruck zu schinden. Dabei empfindet sie seine laute Art als störend und rücksichtslos. Auch Herr Holzmann hat mit Frau Binder Schwierigkeiten. Sie scheint zum Lachen in den Keller zu gehen. Nie ist sie für einen Spaß zu haben. An allem und jedem hat sie etwas auszusetzen und ihr Ordnungssinn treibt ihn noch in den Wahnsinn. Ihre gegenseitige Abneigung zeigen sie mittlerweile ganz offen. Frau Binder hält sich demonstrativ die Ohren zu, wenn Herr Holzmann mal wieder etwas lauter telefoniert. Kommen andere Kollegen zum Plaudern ins Büro, zieht sie deutlich die Augenbrauen hoch und straft diese mit Nichtbeachtung. Herr Holzmann äfft im Gegenzug Frau Binder nach, wenn sie sich wieder über etwas beschwert. Die Stimmung im Büro ist alles andere als entspannt. Ständig kommt es zu Streitereien wegen Kleinigkeiten.

Konfliktanalyse

- Konfliktanlass: Wenn die Beziehung zum Konflikt führt

Hier handelt es sich um einen Zweier-Konflikt, bei dem die persönlichen Probleme im Vordergrund stehen – ein klassischer Beziehungskonflikt. Er beruht auf den unterschiedlichen Einstellungen und Wesensarten der Beteiligten. Diese Unterschiedlichkeit nehmen sie deutlich als Problem wahr.

Der Konflikt wird emotional ausgetragen. Die Körpersprache der beiden, wie Ohren zuhalten, Augenbrauen hochziehen und wegdrehen, zeigt deutlich ihre gegenseitige Abneigung. Beide Kollegen setzen sich nur noch mit den ‚Schwächen' des anderen auseinander und suchen gegenseitig nach Fehlern. Diese machen sie dem anderen zum Vorwurf. Dabei schieben sie sachliche Gründe vor, wie zum Beispiel zu lautes Telefonieren und fanatische Ordnungsliebe.

- Werte und Einstellungen sind unterschiedlich

Herr Holzmann und Frau Binder unterscheiden sich grundsätzlich in ihren Einstellungen und Werten. Herrn Holzmann ist es wichtig, soziale Kontakte zu pflegen. Bislang ist er mit seiner offenen und geselligen Art immer gut bei seinen Mitmenschen angekommen. Für ihn gehört es dazu, ein persönliches Wort zu wechseln und den einen oder anderen Witz mit Kunden und Kollegen zu machen. Frau Binder dagegen hat eine andere Einstellung: Für sie zählen Fleiß, Genauigkeit und Leistung. Lautes und geselliges Verhalten erscheint ihr eher oberflächlich. Zurückhaltung, Vorsicht und Distanz prägen ihre Kontakte zu anderen.

▸ *siehe auch Kapitel 3.1 „Unterschiede erschweren das Verständnis"*

Konfliktlösung

- Die Ursache hinterfragen

Beide geben ihrem Büropartner die Schuld an ihrem Konflikt. Dabei steht für beide fest: Wenn sich dieser anders verhalten würde, gäbe es keinen Konflikt. Für beide ist die Ursache der Misere klar: Die Persönlichkeit und das Verhalten des anderen stören und machen eine Zusammenarbeit unmöglich. Für Frau Binder ist Herr Holzmann ein Wichtigtuer, der keine Rücksicht auf sie nimmt. Herr Holzmann sieht in Frau Binder eine graue Maus, die viel zu wenig aus sich herausgeht und mit der man keinen Spaß haben kann.

Sie erkennen beide nicht, dass das Verhalten des anderen nur der Auslöser ihres Konfliktes ist, aber nicht die Ursache. Denn diese liegt ebenso in Herrn Holzmann wie in Frau Binder. Bei beiden ist das Bedürfnis nach Respekt und Wertschätzung durch den anderen nicht erfüllt. Keiner von beiden fühlt sich vom Gegenüber angenommen und akzeptiert. Dieses unerfüllte Bedürfnis schafft auf beiden Seiten negative Gefühle wie Unsicherheit und Ärger. Die negativen Gefühle sorgen für eine Verschlechterung in der Beziehung. Die setzt sich fort, je mehr sie sich gegenseitig ihre Ablehnung zeigen.

Der erste Schritt zur Lösung ist es also, dass einem von ihnen bewusst wird, dass dieses Bedürfnis bei keinem erfüllt ist. In diesem Punkt stimmen Herr Holzmann und Frau Binder bereits überein. Darauf können beide gut aufbauen, um zu einer freundlichen Lösung ihres Beziehungskonfliktes zu kommen.

- Interesse für den anderen zeigen

Die beiden mögen sich nicht. Daher haben sie auch kein Interesse, sich näher kennen und verstehen zu lernen. Erinnern Sie sich noch an das Bild, dass wir alle unseren ganz individuellen Rucksack, angefüllt mit unseren Wissen, unseren Erfahrungen, Einstellungen und Werten mit uns herumtragen? Einen Inhalt, der großen Einfluss auf unsere Wahrnehmung und damit auch auf unsere Toleranz, unsere Sichtweise und unser Verhalten hat? Bei Frau Binder und Herrn Holzmann unterscheiden sich die Inhalte der Rucksäcke deutlich voneinander. Diese Unterschiede trugen dazu bei, dass sie wenig Verständnis füreinander entwickelt haben.

Ein weiterer Schritt in Richtung positiver Konfliktlösung ist es, wenn beide anfangen, neue Dinge in ihren Rucksack einzupacken. Sie müssen sich zu diesem Zweck für die andere Wesensart des Kollegen interessieren und sie hinterfragen, ohne sie zu bewerten. Wichtig ist dagegen gegenseitige Annahme und Respekt für den anderen. Denn diese Unterschiede wird es immer geben. Keiner wird den anderen ändern können. Wichtig ist es, einen Umgang miteinander zu entwickeln, der diese Unterschiedlichkeiten berücksichtigt und beiden gerecht wird.

- Den ersten Schritt wagen

Das Gefährliche an einer solchen Situation ist, das niemand mehr bereit ist, den ersten Schritt zu machen. Beide haben sich gegenseitig mehrfach verletzt und gekränkt, die Schuld immer dem Gegenüber gegeben, so dass keiner mehr bereit ist, Anstrengungen in eine Verbesserung zu investieren. Da der Konflikt auf Dauer die Stimmung und damit auch beider Gesundheit und Leistungsfähigkeit belastet, ist es angebracht, über den eigenen Schatten zu springen und ein Gesprächsangebot zu machen. In der Regel wird ein solcher Vorschlag nicht direkt zum Erfolg führen. Angenommen, Herr Holzmann als der kontaktfreudigere Kollege würde Frau Binder um eine Unterredung bitten. Wahrscheinlich würde sie erst einmal abblocken. Eine verständliche Reaktion von Herrn Holzmann wäre dann, erneut gekränkt zu sein und keinen weiteren Versuch mehr zu unternehmen.

So scheitern viele Lösungen direkt beim ersten Versuch. Besser ist es, sich zu fragen, warum Frau Binder nicht mit ihm sprechen will. Hat sie Angst vor einer Auseinandersetzung, vor Vorwürfen und Kritik? Wahrscheinlich. Dann bietet diese Vermutung die Chance besser auf Frau Binder einzugehen und es erneut zu versuchen: „In der letzten Zeit haben wir viele Probleme miteinander gehabt. Ich bin mir bewusst, dass ich Sie mit meiner Art immer wieder geärgert und auch verletzt habe. Auch ich fühle mich in dieser Situation nicht wohl und war häufig wütend. Deshalb würde ich mich freuen, wenn wir versuchen, diese Schwierigkeiten zu beseitigen. Seien Sie versichert, dass es mir nicht darum geht, Sie zu kritisieren. Mir ist an einer wirklichen Lösung gelegen. Was meinen Sie? Sollen wir es nicht doch noch mal mit einem offenen Gespräch versuchen?“

- Einen Konsens finden

Wenn beiden die Unterschiedlichkeiten bewusst sind, können sie versuchen, einen Konsens zu erreichen. Wichtig ist es, dass jeder bereit ist, etwas zu investieren und dafür auch etwas zurückbekommt. Sie könnten zum Beispiel vereinbaren, dass sie pro Tag zwei ‚goldene Stunden' haben, in denen man nicht miteinander spricht und Telefonate möglichst leise stattfinden. Dafür wird der Freitagnachmittag zum ‚Tag der offenen Tür' erklärt.

6.2 Die ungerechte Behandlung

Ungerechtigkeiten führen besonders schnell zum Konflikt, da sie unser Selbstwertgefühl angreifen. Häufig wissen wir nicht, wie wir uns in solchen Situationen verhalten sollen. Unsicherheit und Ärger machen sich breit, wir fühlen uns nicht mehr wohl. All dies sind Anzeichen dafür, dass wir reagieren und etwas verändern müssen.

Fallbeispiel: Länger arbeiten

Karin hat vor einigen Monaten eine neue Stelle als Erzieherin in einem Kindergarten übernommen. Schon nach kurzer Zeit fühlt sie sich von ihrer Kollegin Susanne ausgenutzt. Karin findet es unfair, dass Susanne alle Tätigkeiten, die nach Feierabend noch zu leisten sind, ihr zuschiebt. Ob es darum geht, die Elternabende zu organisieren, die Einladungen zu schreiben, oder etwas anderes außer der Reihe vorzubereiten, Karin verlässt immer als letzte den Kindergarten, während Susanne schon lange weg ist. Karin würde ihr am liebsten ins Gesicht sagen, dass sie sich nicht mehr länger ausnutzen lassen will. Aber sie hält sich zurück, denn sie möchte die sonst ganz gute Beziehung zu ihrer neuen Kollegin nicht aufs Spiel setzen. Karin hasst Auseinandersetzungen. Eine Zeit lang kann sich Karin mit dieser Situation arrangieren. Nach und nach fängt es jedoch an in ihr zu brodeln. Zumal Susanne auf Karins kleine Andeutungen, ihr doch mal zu helfen, nicht reagiert. Karin versucht, sich ihren Ärger bei der Arbeit nicht anmerken zu lassen, wobei sie mittlerweile innerlich fast explodiert. Die Folge: Sie ist ständig gereizt, unkonzentriert und hat kaum noch Geduld mit den Kindern. Auch gesundheitlich ist sie von Schlafstörungen und Migräneanfällen geplagt. Karin weiß, dass es so nicht weitergehen kann. Sie muss mit Susanne reden. Aber wie?

Konfliktanalyse

- Negative Einstellung zum Konflikt

Karin hat eine negative Einstellung zu Konflikten. Sie geht jeder Auseinandersetzung aus dem Weg, um die Harmonie und den Frieden nicht zu gefährden. Daher ist ihre Reaktion auf den bestehenden Konflikt eher zögerlich. Obwohl sie jedes Recht dazu hat, sich gegenüber Susanne zu behaupten, verdrängt sie den Konflikt, anstatt ihn offen anzusprechen. Dies führt zu hohen inneren Spannungen.

- Konfliktverlauf

Der Konflikt hat sich im Laufe der Zeit von einem inneren Konflikt zu einem verdeckten Beziehungskonflikt entwickelt. Dabei verleugnet, ignoriert oder verdrängt mindestens ein Beteiligter den Konflikt. In diesem Beispiel will Karin die Beziehung nicht durch eine Auseinandersetzung belasten und versucht den Konflikt zu verdrängen. Die entstehenden Spannungen und negativen Emotionen suchen sich einen anderen Weg: Ihre Gesundheit, ihr seelisches und körperliches Wohlbefinden wird in Mitleidenschaft gezogen. Diese deutlichen Warnzeichen des Körpers verweisen auf dringenden Handlungsbedarf. Auch nach außen verändert sich Karins Verhalten. Sie wird gereizter und hat weniger Geduld – Anzeichen, dass eine Veränderung notwendig ist.

Konfliktlösung

- Der Angst vor dem Konflikt entgegentreten

Wichtig ist, dass Karin die Angst vor der Auseinandersetzung verliert. Dies kann sie erreichen, indem sie sich in Gedanken selbst stärkt und positiv beeinflusst. Karin kann durchaus ihr Unterbewusstsein trainieren und ihre negative Einstellung zum Konflikt verändern. Momentan versucht sie, den Konflikt zu verdrängen, weil sie sich einen positiven Ausgang der anstehenden Auseinandersetzung nicht vorstellen kann. Ihr Unterbewusstsein vermittelt ihr immer wieder die möglichen negativen Konsequenzen: „Danach wird dich Susanne immer schief anschauen" und „Wahrscheinlich wird sie dir das Wort im Mund herumdrehen und du wirst überhaupt nichts erreichen". Diese inneren Stimmen bestärken Karin in ihren Befürchtungen. Unsere inneren Stimmen lassen sich jedoch auch positiv nutzen: „Ich habe keinen Grund, Angst vor der Aussprache zu haben. Ich werde ganz ruhig bleiben. Es ist völlig richtig, Susanne anzusprechen. Ich werde alles dafür tun, dass diese Aussprache Erfolg hat." Wichtig ist, dass Karin diese positiven Gedanken mindestens vier Mal für sich wiederholt. Dadurch festigen sie sich im Unterbewusstsein und werden zur Überzeugung.

Eine weitere Möglichkeit, sich die Angst zu nehmen, ist das Aufschreiben der möglichen Konsequenzen, das sogenannte ‚worst case scenario'. Nur weil Karin unangenehme Folgen befürchtet, heißt das nicht, dass sie diese konkret vor Augen hat. Meist existiert nur ein unspezifisches Unwohlsein vor der Auseinandersetzung und dem, was danach kommen könnte. Hier hilft es, sich in Ruhe hinzusetzen und sich Gedanken über mögliche und vor allem realistische Konsequenzen zu machen. Was wäre denn der schlimmste Fall, der eintreten kann? Hat Karin diese Möglichkeiten konkretisiert und auf dem Papier vor sich stehen, wird für sie klar und überschaubar, was im unangenehmsten Fall auf sie zukommt. Jetzt kann sie sich überlegen, wie sie die für sie unangenehmsten Konsequenzen verhindern kann.

▸ *siehe auch im Kapitel 5.3 den Abschnitt „Ängste abbauen“*

- Anschuldigungen vermeiden

Auf diese Weise vorbereitet, kann Karin unbesorgt Susanne zu einem klärenden Gespräch bitten. Wichtig wird es sein, dass sie dabei Susanne nicht angreift und kritisiert. Stattdessen sollte sie sich auf ihre Bedürfnisse und Wünsche konzentrieren und diese auch offen formulieren. Kritische Aussagen sollte Karin immer in der Ich-Botschaft äußern: „Ich habe bemerkt, dass ich in letzter Zeit immer als letzte den Kindergarten verlasse. Ich fühle mich im Moment mit den Vorbereitungen ziemlich allein gelassen und überfordert. Ich bemerke, dass mich diese Situation sehr belastet. Es ist für mich sehr wichtig, gemeinsam mit dir eine Lösung dafür zu finden.“

6.3 Keine Einigung in Sicht

Der eine Kollege möchte bis zum Ende des Jahres noch möglichst viele neue Aufträge an Land ziehen, während der andere Kollege der Meinung ist, sie sollten erst einmal die vorhandenen Aufträge ordentlich abarbeiten. Der eine strebt an, den innovativsten Vorschlag beim Chef einzureichen, der andere hat die kostengünstigste Variante im Auge. Hier schließen sich die Ziele gegenseitig aus. Also versucht jeder, den anderen von seinem Ziel zu überzeugen oder ihn daran zu hindern, das eigene Ziel zu erreichen.

Fallbeispiel: Konflikt in der Projektgruppe

Nikolas kommt gerade aus der zweiten Sitzung mit seiner Projektgruppe ‚Neugestaltung des Internetauftritts' und ist ratlos. Binnen weniger Minuten kam es zur Auseinandersetzung zwischen den Teilnehmern und das Treffen war beendet. Wie soll es nun weitergehen? Sie müssen ihre Ergebnisse bereits in zwei Wochen der Geschäftsleitung präsentieren.

Was war geschehen? Die Projektgruppe besteht aus fünf Personen. Paul und Nils aus der IT-Abteilung, die vor einem Jahr das Internet mehr oder weniger in Eigenregie neu aufgebaut hatten. Frederike und Klaus aus der Kundenbetreuung und ihm selbst als Teamleiter des Außendienstes. Bereits beim ersten Treffen der Projektgruppe gibt es Schwierigkeiten untereinander.

Frederike und Klaus hatten sich im Vorfeld mit ihrer Abteilung zusammengesetzt und Gestaltungswünsche erarbeitet. In der Kundenbetreuung haben sich im letzten Jahr viele neue Anforderungen an den Internetauftritt ergeben. Die Abteilung erhofft sich von der Neugestaltung deutliche Verbesserungen. Für Frederike ist der Erfolg der Projektgruppe auch noch in weiterer Hinsicht wichtig. Sie hat gute Chancen, die neue Teamleiterin der Kundenbetreuung zu werden. Nun will sie ihre Eignung durch erfolgreiches Engagement in der Projektgruppe beweisen. Ihr Auftritt im ersten Treffen ist dementsprechend energisch. Direkt zum Beginn der Sitzung fordert sie deutliche Verbesserungen in der Internetgestaltung und liest die komplette Liste mit den Gestaltungswünschen ihrer Abteilung vor. Daraufhin gehen Paul und Nils sofort in Verteidigungsposition und blocken ab: Ihr Internetauftritt sei ein Kompromiss zwischen Bedarf und Budget. Die Wünsche der Kundenbetreuung seien auf Grund des vorgegebenen Rahmens nicht realisierbar. Frederike reagiert hitzig auf den Abblockungsversuch und wirft den beiden fehlendes Interesse und Kreativität vor. Sie versucht Klaus mit in die Diskussion einzubeziehen, doch der hält sich komplett raus. Nikolas greift ein, um den aufkommenden Streit zu schlichten. Er bittet die beiden IT-Mitarbeiter, sich in Ruhe Gedanken zu machen, welche dieser

Vorschläge vielleicht doch umsetzbar sind. Gleichzeitig fordert er Frederike und Klaus auf, die eingebrachten Gestaltungswünsche nach Wichtigkeit zu sortieren. Das zweite Treffen wird für nächste Woche angesetzt. Zurück in der Abteilung wird Frederike auf den Ausgang des ersten Treffens angesprochen. Sie schiebt die Verantwortung für den missglückten Start auf Paul und Nils. Dies kommt den beiden zu Ohren. Dementsprechend wütend erscheinen sie zum nächsten Treffen. Nils eröffnet die Sitzung mit den Worten: „Wir haben alle Vorschläge der Kundenbetreuung geprüft und festgestellt, dass keine unter den gegebenen Umständen durchführbar sind." Daraufhin verlässt Frederike wütend den Raum: „Das ist doch völliger Blödsinn, mir reicht es! Aber das wird noch ein Nachspiel für euch haben!" Als letzter bleibt Nikolas zurück, der sich nun fragt, wie es weitergehen soll.

Konfliktanalyse

- Konfliktanlass: Unterschiedliche Ziele und Interessen

In diesem Beispiel führen unterschiedliche Ziele und Interessen zum Konflikt. Es bilden sich zwei Parteien: Frederike auf der einen sowie Paul und Nils auf der anderen Seite. Sie vertreten sowohl die jeweiligen Interessen ihrer Abteilung, als auch ihre persönlichen. So will die IT-Abteilung das vorgegebene Budget einhalten, die Kundenbetreuung dagegen strebt große Veränderungen an, um den Bedürfnissen ihrer Abteilung – und damit den Kunden – gerecht zu werden. Auch die persönlichen Interessen schüren den Konflikt: Frederike zeigt sich besonders engagiert, da sie auf den Posten der Teamleitung hofft. Nils und Paul sind von ihrem selbst gestalteten Internetauftritt überzeugt und wollen die Veränderungen gering halten. Die Folge: Frederike setzt auf Kampf und Druck, Paul und Nils betreiben Verweigerung. Die Zusammenarbeit gestaltet sich als unmöglich, ein erfolgreiches Ergebnis scheint unerreichbar.

◆ Die Ursache hinterfragen

Die unterschiedlichen Interessen der Beteiligten bilden den Anlass für diesen Konflikt. Für den negativen Umgang miteinander sind jedoch andere Faktoren verantwortlich: unerfüllte Grundbedürfnisse. Das Bedürfnis nach Wertschätzung und Anerkennung ist bei Nils und Paul nicht erfüllt. Die lange Liste an Veränderungswünschen der Kundenbetreuung werten sie als unberechtigte Kritik und damit als fehlende Anerkennung ihrer erbrachten Leistung. Das unerfüllte Bedürfnis nach Anerkennung ihrer Arbeit und damit auch nach Wertschätzung ihrer Person führt zu negativen Emotionen. Sie fühlen sich mit dem Rücken an die Wand gedrängt und angegriffen. Ihre Verärgerung zeigen sie deutlich, indem sie die Zusammenarbeit blockieren.

Auch bei Frederike ist ein Grundbedürfnis nicht erfüllt. Sie will mit diesem Projekt Erfolg haben und sich verwirklichen. Paul und Nils verhindern dies durch ihre Blockadehaltung. Damit erfüllt sich ihr Bedürfnis nach Freiheit und Selbstbestimmung nicht. Es ist ihr unmöglich, die gesetzten Grenzen der beiden aufzubrechen. Frederike fühlt sich ausgebremst und erhöht den Druck auf ihre Kontrahenten. Dies verstärkt nur deren Blockadehaltung. Statt Engagement zeigen zu können, ist sie zum Nichtstun verdammt. Das Gefühl der Hilflosigkeit vergrößert den Ärger und die Wut in ihr.

Konfliktlösung

◆ Geeigneter Konfliktmoderator

In diesem Beispiel werden unterschiedliche Verhaltensweisen deutlich. Die beiden Konfliktparteien verhalten sich konkurrierend. Es geht ihnen ausschließlich um die Erreichung der eigenen Ziele. Die Interessen der jeweilig anderen Partei werden nicht in die Überlegungen mit einbezogen. Diese Haltung verhindert, dass die Parteien aufeinander zugehen und gemeinsam Lösungen erarbeiten. Dagegen zeigt Nikolas ein kooperierendes Verhalten. Er ist von Anfang an bemüht, für beide Seiten eine zufriedenstellende Lösung zu erzielen. So hat er bereits in der ersten Sitzung den Versuch gemacht, zwischen den Konfliktparteien zu vermitteln. Er ist nicht am Ausbruch des Konfliktes beteiligt, dafür allerdings indirekt betroffen. Solange der Konflikt besteht, wird die Projektgruppe kein gutes Ergebnis erzielen. Die kooperative Haltung und die Tatsache des Nichtbeteiligtseins bilden die Grundlage dafür, dass Nikolas die Moderation zwischen den Parteien übernimmt.

- Die aktuelle Eskalationsstufe bestimmen

Um bestimmen zu können, wie sich der Konflikt lösen lässt, sollte Nikolas erkennen, welche Eskalationsstufe bereits erreicht ist. Erst danach kann er entscheiden, ob er die Moderation des Konflikts übernehmen will oder nicht. Ist er zu weit fortgeschritten, kann Nikolas, als indirekt Betroffener, diesen Part nicht mehr erfolgreich absolvieren. Je weiter der Konflikt die Eskalationsleiter hochgeklettert ist, umso schwieriger wird es sein, eine Lösung zu erzielen. Dann ist es an der Zeit, eine außenstehende, kompetente Person mit der Konfliktmoderation zu beauftragen.

Der Konflikt beginnt auf der Sachebene. Dabei geht es zuerst um die unterschiedlichen Interessen der beiden Parteien – sie bringen den Konflikt zum Ausbruch. Dies führt zu Spannungen auf der Beziehungsebene und zu einer Steigerung der Eskalation.

In der ersten Eskalationsstufe prallen die Interessen aufeinander, Misstrauen wächst. Diese Stufe ist bei Nils und Paul schon vor dem ersten Treffen erreicht worden. Die Aufgabe, mit anderen – fachfremden Personen – ihren Internetauftritt überarbeiten zu müssen, betrachten beide als falsche Entscheidung. Skepsis und Misstrauen begleitet das erste Zusammentreffen mit den anderen Projektmitarbeitern.

In der zweiten Stufe kommt es zu einer kurzen Debatte. Die Meinungsverschiedenheiten treten deutlich hervor. Beide Parteien kennen nur noch schwarz oder weiß: Nils und Paul stellen die Wünsche der Kundenbetreuung als nicht realisierbar dar und Frederike wirft ihnen fehlende Kreativität vor. Frederikes Angriff führt zur Blockadehaltung bei den beiden. Die Kommunikation wird unfreundlich, es kommt zu ersten Seitenhieben.

Als der Konflikt die dritte Stufe erreicht, endet die Kommunikation zwischen den Parteien. Erste Handlungen sind die Folge: Nils und Paul weisen ganz offen die Änderungswünsche der Kundenbetreuung zurück und Frederike verlässt unter lautem Geschimpfe und Drohungen den Raum.

Der Konflikt befindet sich demnach aktuell auf der dritten Stufe. Nikolas kann davon ausgehen, dass er für ihn noch lösbar sein wird. Denn noch ist es nicht zu weiteren Übergriffen und zum Gesichtsverlust bei den Parteien gekommen – die Aussichten auf einen Ausweg sind deshalb gut.

- Neutralität bewahren

Bevor Nikolas die Rolle des Moderators übernimmt, sollte er sich Gedanken über seine Position, seine Interessen und seine Gefühle machen. Für den Erfolg der Moderation ist es unerlässlich, dass er als indirekt Betroffener stets um Neutralität bemüht ist und diese im Laufe der Moderation auch bewahrt. Darüber hinaus muss er Verständnis für beide Seiten entwickeln. Nur so kann er den unterschiedlichen Interessen, Zielen und Bedürfnissen der beiden Parteien gerecht werden und eine zufriedenstellende Lösung für beide Seiten erreichen.

Wenn er sich sicher ist, diese neutrale Haltung auf Dauer bewahren zu können, kann er vorschlagen, ein klärendes Gespräch zu moderieren. Wichtig ist auch, dass er seine neutrale Haltung bereits von Beginn an den Beteiligten deutlich macht. Die Gefahr besteht, dass jede Partei versuchen wird, ihn für die eigenen Interessen zu gewinnen. Doch nur durch seine neutrale Haltung kann er das Vertrauen beider Parteien gleichermaßen sichern.

- Bereitschaft der Konfliktparteien sicherstellen

Als nächstes gilt es, das Einverständnis der Konfliktparteien für ein gemeinsames Konfliktgespräch einzuholen. Denn nur wenn alle Beteiligten daran interessiert sind, eine Lösung zu finden, macht eine Moderation Sinn. Nikolas geht nun auf jeden Beteiligten einzeln zu und bittet ihn um ein Gespräch unter vier Augen. Diese Einzelgespräche erleichtern es ihm, auf jeden der Beteiligten einzugehen. Auch wenn Nils und Paul bislang als Einheit aufgetreten sind, so kann es durchaus sein, dass ihre Bereitschaft sich wieder an einen Tisch zu setzen, unterschiedlich ausgeprägt ist. Um zu verhindern, dass einer den anderen beeinflusst, bietet es sich an, sie getrennt zum Gespräch zu bitten. Bei den Gesprächen achtet Niklas darauf, keine Kritik am bisherigen Verhalten der einzelnen Parteien zu üben. Stattdessen stellt er die Vorteile heraus, die eine Konfliktlösung für seinen jeweiligen Gesprächspartner mit sich bringen würde. In diesem Gespräch versucht er herauszufinden, welche unerfüllten Bedürfnisse zum Konflikt geführt haben und wie jeder den Konfliktverlauf für sich interpretiert hat. Dieses Wissen hilft Niklas, sich auf die Konfliktmoderation vorzubereiten. Auf diese Weise gut gerüstet, kann er die Moderation des Konflikts übernehmen.

▸ *für die weitere Vorgehensweise siehe Kapitel 4.4 Konfliktlösung durch Moderation*

7 Konflikte mit Mitarbeitern

Konflikte zwischen Führungskraft und Mitarbeitern kommen im Arbeitsalltag nahezu täglich vor. Jeder Vorgesetzte muss gleichermaßen die Interessen des Unternehmens als auch die Bedürfnisse der eigenen Mitarbeiter berücksichtigen. Dazu gesellen sich natürlich noch die eigenen Ziele und Bedürfnisse. Allen drei Faktoren gerecht zu werden, ist selten möglich. Allein dieses Problem ist der Auslöser einer Vielzahl von Konflikten.

7.1 Die anstehende Veränderung

Unser Leben ist geprägt von schnellen Veränderungen – Firmenfusionen, Umstrukturierungen oder steigende Anforderungen an die Mitarbeiter sind die entsprechenden Stichworte. Im Zuge dieser Schnelllebigkeit wird von allen Beschäftigten erwartet, dass sie auf Veränderungen flexibel reagieren und sich anpassen. Dieser Druck führt jedoch nicht zwangsläufig zum Erfolg. Stattdessen entstehen Abwehr und Unmut über die Veränderungen. Die Folgen sind Verweigerung, nachlassende Motivation oder ein schlechteres Arbeitsklima.

Bei anstehenden Veränderungen kommt der Führungskraft eine besondere Aufgabe zu. Auf der einen Seite muss sie diese Veränderungen herbeiführen und umsetzen, um Weiterentwicklung zu ermöglichen. Auf der anderen Seite ist es ihre Aufgabe, im eigenen Team für Stabilität und Sicherheit zu sorgen. Diese gegensätzlichen Forderungen können sowohl zu einem inneren Konflikt, als auch zum Konflikt mit den Mitarbeitern führen.

Fallbeispiel: Längere Arbeitszeiten

Peter, Leiter der Kfz-Abteilung einer kleinen Versicherung, erhält von der Unternehmensleitung die Aufgabe, die Arbeitszeiten der Mitarbeiter auf zwanzig Uhr zu verlängern, um für die Kunden besser erreichbar zu sein. Diese Mehrstunden bedeuten gleichzeitig auch, dass kein Mitarbeiter aus dem Team abgezogen werden muss. Die Arbeitsplätze bleiben erhalten – und das in einer Zeit, in der in allen anderen Abteilungen Stellen abgebaut werden.

In der nächsten Teamsitzung informiert er seine Mitarbeiter. Wie erwartet, sind alle wenig begeistert und wollen den Beschluss so nicht hinnehmen. Peter macht sehr deutlich, dass es keine Alternative geben wird. Der Beschluss steht fest. Es liegt nur noch die Gestaltung der Umsetzung in ihren Händen. Er beendet das Treffen und bittet alle, sich bis zur nächsten Woche zu überlegen, wie die neuen Schichten besetzt werden können.

In den Tagen nach der Teamsitzung stellt Peter fest, dass einer seiner Mitarbeiter, Gunnar, ihm aus dem Weg geht. Gunnar und er arbeiten schon lange miteinander und es verbindet sie eine gemeinsame Freundschaft. Peter wartet ein paar Tage ab, doch nachdem Gunnar auch zum gemeinsamen Mittagessen, ohne etwas zu sagen, nicht erscheint, geht er an seinen Arbeitsplatz und spricht ihn darauf an: „Ich habe das Gefühl, dass du mir aus dem Weg gehst. Ist irgendetwas nicht in Ordnung?" Gunnar winkt ab und wird ironisch: „Nein, wieso? Alles in bester Ordnung!" „Hör auf mit dem Spielchen, Gunnar! Was ist los?" Gunnar schaut ihn scharf an: „Was los ist? Ich finde es schrecklich, wie du mal wieder die Marionette der Unternehmensleitung bist. Die wollen längere Arbeitszeiten, und zack, du setzt sie natürlich um. Obwohl du genau weißt, dass wir hier völlig unterbesetzt sind. Das wird uns nur noch mehr unter Druck setzen. Dabei haben wir alle auch noch andere Dinge zu tun, als jeden Tag Überstunden zu machen. Ich habe wirklich gehofft, du schaffst es, dass wir zwei neue Stellen genehmigt bekommen. Aber nein, stattdessen sollen wir länger arbeiten. Super!"

Nach dieser Attacke muss Peter sich zur Ruhe zwingen. Es ist ihm unbegreiflich, dass Gunnar ihn so angreift und völlig überzogene Wunschvorstellungen nach neuen Stellen äußert. Obwohl gerade Gunnar doch wissen müsste, wie sehr er um den Erhalt jeder einzelnen Stelle kämpfen muss.

Konfliktanalyse

- Konfliktanlass: Die doppelte Mitgliedschaft

Dies ist der typische Rollenkonflikt einer Führungskraft. Was Gunnar ihm im Rahmen ihrer Freundschaft persönlich sagt, sind oft die geheimen Gedanken vieler Mitarbeiter: „Unser Vorgesetzter setzt sich nicht genug für uns ein." Diese Gedanken führen häufig zu verdeckten Konflikten, die das gegenseitige Verhältnis unausgesprochen belasten. In diesem Beispiel wird der Konflikt, dank der freundschaftlichen Beziehung von Peter und Gunnar, offen ausgetragen. In Gunnars Augen vertritt sein Vorgesetzter die Bedürfnisse des Teams vor der Geschäftsleitung nicht erfolgreich genug.

Peter hat eine Doppelmitgliedschaft. Er gehört als Führungskraft sowohl zum Management, als auch als Mitarbeiter zu seinem Team. Damit ist er gezwungen, sich mit den Bedürfnissen seines Teams und mit den Zielsetzungen des Managements auseinanderzusetzen. Es ist Bestandteil des Alltags jeder Führungskraft, dass diese Interessen, zumindest auf den ersten Blick, weit auseinandergehen. Peters Mitarbeiter sehen ihre Bedürfnisse von ihrem Chef nicht eindringlich genug vor der Unternehmensleitung vertreten.

Konfliktlösung

- Die Ursache hinterfragen

Bei Gunnar und den anderen Mitarbeitern ist ein Grundbedürfnis nicht erfüllt: die Sicherheit. Vor allem anstehende Veränderungen kollidieren mit dem Bedürfnis nach Sicherheit. Veränderungen stellen immer eine Chance, aber auch ein Risiko dar. Niemand weiß, wie sich die Änderungen auswirken und welche Vor- und Nachteile sie mit sich bringen werden. Stehen Veränderungen an, bedeutet dies für ein Team immer auch eine Belastung, da Gewohntes gegen Neues eingetauscht wird.

So erwarten die Mitarbeiter, dass sich ihre Führungskraft für sie einsetzt und wieder Stabilität für das Team sicherstellt. Wie das Wort Vorgesetzter bereits sagt, ist eine Führungskraft dem Team vorgesetzt.

Dies bedeutet auch, sich vor das Team zu stellen und Schutz zu bieten. Eine Aufgabe der Führungskraft ist es demnach, das Team nach außen zu sichern. Wenn den Mitarbeitern dieses Gefühl der Sicherheit fehlt, reagieren sie mit Unsicherheit, Hilflosigkeit und Angst vor der Zukunft. Das Verhalten gegenüber dem Vorgesetzten ist dann geprägt von Zweifeln und Ärger.

Auch Peter ist enttäuscht und verärgert. Sein Grundbedürfnis nach Wertschätzung und Anerkennung ist nicht erfüllt. Er sieht seine Leistung weder von Gunnar noch von seinen Mitarbeitern anerkannt. Dabei hat er doch das Bestmögliche für sie erreicht. Das müssen seine Mitarbeiter doch wissen. Doch leider nehmen sie nur die unangenehmen Konsequenzen wahr und sehen nicht das Gute an der neuen Lösung, nämlich den Erhalt der bestehenden Arbeitsplätze.

- Transparenz über eigenes Verhalten schaffen

Peter sollte in dieser Situation seine Doppelmitgliedschaft den Mitarbeitern besser deutlich machen. Es ist nicht damit getan, dass er für sich weiß, das Beste für seine Mitarbeiter zu tun. Er hat die Aufgabe, dies auch seinen Mitarbeitern deutlich zu machen. Peter muss ihnen vor Augen führen, was er getan hat, um den Bedürfnissen und Interessen des eigenen Teams nachzukommen. Hier gilt es, Transparenz zu schaffen, um zu verdeutlichen, wie er die teilweise unterschiedlichen Interessen der Unternehmensleitung und des eigenen Teams für alle sinnvoll zusammenbringen will. Es reicht nicht aus, objektiv alles für seine Mitarbeiter zu tun, sie müssen es auch subjektiv so empfinden. Erst dann erfüllt sich ihr Bedürfnis nach Sicherheit durch gutes Führungsverhalten.

7.2 Die Grundeinstellung ist verschieden

Häufig führen die verschiedenen Grundeinstellungen zu Konflikten. So kommt es immer wieder zu Spannungen, wenn ein Mensch mit einer kooperativen Haltung auf ein Gegenüber mit distanzierter oder konkurrierender Einstellung trifft. Ein Mensch mit kooperativer Haltung versucht, auf andere einzugehen und die verschiedenen Interessen und Bedürfnisse zusammenzuführen. Hat der Gesprächspartner jedoch eine distanzierte oder konkurrierende Grundeinstellung zu Beziehungen, und sind ihm nur die eigenen Interessen wichtig, wird er die Bemühungen des kooperativen Gesprächspartners nicht anerkennen. Diese Konstellation ist oft auch zwischen Vorgesetzten und Mitarbeitern anzutreffen.

Fallbeispiel: Der rauchfreie Kundenbereich

Frau Ritz ist mit ihren Nerven am Ende. Sie kann Herrn Grau einfach nicht mehr ertragen. Allein sein Anblick macht sie wütend. Daher versucht sie, ihn möglichst zu meiden. Wie ist es zu dieser Situation gekommen?

Vor sechs Monaten hat Frau Ritz ein allgemeines Rauchverbot im Kundenbereich eingeführt. Alle halten sich an die neue Vorschrift. Alle, bis auf einen: Herr Grau raucht weiterhin im Kundenbereich. Als sie ihn darauf anspricht, hält er ihr entgegen, keine andere Möglichkeit zu haben. Daraufhin richtet Frau Ritz als Kompromisslösung einen eigenen Raum für Raucher ein. Dieser wird von allen anderen gern angenommen, doch Herr Gau raucht immer noch im Kundenbereich. Wütend und enttäuscht stellt sie Herrn Grau zur Rede: „Können Sie mir bitte sagen, warum Sie trotz des extra eingerichteten Raum immer noch hier zur Zigarette greifen? Das ist nicht in Ordnung!“ Daraufhin erwidert Herr Grau ganz ruhig: „Ja, weil meine Kunden nun mal gern mit mir zusammen eine rauchen. Das sind die so gewohnt. Die wollen das nicht anders.“ Frau Ritz daraufhin wütend: „Aber ich will das anders. Nur Sie tanzen hier aus der Reihe. Das ist gegenüber den anderen nicht fair. Wir haben das so ausgemacht und ich erwarte von Ihnen, dass Sie sich daran halten! Ist das klar?“ Herr Grau zuckt mit den Schultern: „Wenn Sie sonst keine Probleme hier haben…“ und geht zurück zu seinem Platz.

Zwei Wochen später trifft Frau Ritz fast der Schlag: Schon wieder steht Herr Grau mit einem Kunden rauchend an seinem Arbeitsplatz. Sie kann sich gerade noch zurückhalten, ihn vor dem Kunden darauf anzusprechen. Nachdem der Kunde gegangen ist, lässt sie Herrn Grau in ihr Büro kommen. „Herr Grau, ich bin es leid. Das gibt jetzt eine Abmahnung. Sie glauben wohl, Sie müssen sich hier an nichts halten?" Herr Grau bleibt gelassen: „Frau Ritz, ich kann Ihr Problem wirklich nicht verstehen. Ich habe auf Ihr Verlangen hin mein Rauchen völlig eingeschränkt und rauche nur noch zusammen mit Kunden, die auch rauchen. Wie ich Ihnen schon erklärt habe, sind meine Kunden dies von mir gewohnt. Sie wollen doch auch nicht, dass meine Verkaufszahlen schlechter werden?" Frau Ritz daraufhin: „Ich habe keine Lust, mit Ihnen hier länger zu diskutieren. Sie hören ab sofort auf, im Kundenbereich zu rauchen. Ich habe sie hiermit verwarnt. Erwische ich Sie dort noch einmal mit einer Zigarette, bekommen Sie eine Abmahnung."

Konfliktanalyse

- Konträre Einstellungen

Frau Ritz kommt mit der Art von Herrn Grau nicht zurecht. Während sie sich immer mehr aufregt, bleibt er ruhig und kühl. Als wolle er ihr damit sagen: „Du hast keine Ahnung, ich mache sowieso mein eigenes Ding". Je gelassener Herr Grau sich präsentiert, umso emotionaler reagiert Frau Ritz. Obwohl sie die Vorgesetzte von Herrn Grau ist, kann sie sich mit ihm nicht einigen. Dieses Gefühl verstärkt ihre Wut und Abneigung nur noch mehr.

Hier treffen zwei Menschen aufeinander, die ganz unterschiedliche Grundeinstellungen zu Beziehungen haben. Frau Ritz ist kooperativ eingestellt, dass heißt, sie ist bestrebt, eine Einigung ihrer unterschiedlichen Interessen zu erzielen. So kommt sie ihm auch mit der Einrichtung eines Raucherraumes entgegen. Aber sie bleibt trotz aller Kompromissbereitschaft erfolglos. Der Grund: Herr Grau hat eine distanzierte Grundeinstellung zur Beziehung. Ihm sind nur seine eigenen Interessen und Bedürfnisse wichtig. Die Interessen seiner Vorgesetzten, der anderen Kollegen oder der nicht rauchenden Kunden sind ihm gleichgültig. Hinzu kommt, dass Herr Grau lange nicht so viel Zuwendung benötigt, wie seine Vorgesetzte. Er ist eher abwendungsorientiert und kann gut auf Harmonie verzichten. Dies zeigt sich auch darin, dass er relativ kühl und sachlich argumentiert. Dabei geht er nie auf die Interessen seiner Vorgesetzten ein. Ganz anders dagegen Frau Ritz. Sie benötigt sehr viel Zuwendung und schätzt positive Rückmeldungen ihrer Umgebung. Die kühl und überlegt wirkenden Reaktionen von Herrn Grau verunsichern sie und machen sie wütend und ärgerlich.

Während Herr Grau damit gut leben kann, sich bei seiner Vorgesetzten unbeliebt zu machen, ist Frau Ritz bemüht, eine gute Lösung für beide zu finden. Aber sie kommt einfach nicht an Herrn Grau heran. Er hält sie auf Distanz, zeigt sich unbeteiligt und desinteressiert.

- Konfliktverlauf

Der Konflikt zwischen Frau Ritz und Herr Grau dauert schon sechs Monate. Das macht es umso schwieriger, eine gute Lösung zu erreichen. Es gab einen klassischen Verlauf. Zu Beginn steht auf der Sachebene die Meinungsverschiedenheit: Rauchen im Kundenbereich stört oder stört nicht. Dann folgen Spannungen auf der Beziehungsebene, die negativen Emotionen von Seiten Frau Ritz nehmen zu. Sie reagiert emotional und wütend auf das Verhalten von Herrn Grau und arbeitet darauf hin mit Druck. Dieser macht jedoch weiter wie bisher und bleibt im Konflikt mit ihr ruhig und kühl. Darüber ärgert sie sich umso mehr.

Wenn an dieser Stelle keine Einigung eintritt, wird der Konflikt weiter eskalieren. Wie könnte der weitere Verlauf aussehen? Ab diesem Zeitpunkt wird Frau Ritz gezwungen sein, Abmahnungen zu schreiben und damit Konsequenzen durchzusetzen. Wir können jedoch davon ausgehen, dass Herr Grau ebenso ruhig und kühl auch gegen diese Abmahnungen vorgehen wird. Handelt es sich hier um ein größeres Unternehmen, wird er eventuell den Betriebsrat einschalten. Der Konflikt weitet sich aus. Es kann auch sein, dass Herr Grau, bevor es zu einer für ihn unangenehmen Konsequenz kommt, auf das Rauchen im Kundenkontaktbereich verzichtet. Doch man weiß schon jetzt, dass es bei der nächsten Gelegenheit wieder zu einer solchen Auseinandersetzung kommen wird. Dann ist es nicht das Rauchen, aber vielleicht die Verweigerung einer anderen Anweisung. Und so wird der Konflikt dann mit einem anderen Thema in die nächste Runde gehen.

Diese Überlegung zeigt, wie wichtig es ist, dass Frau Ritz eine langfristige Lösung für den Umgang mit Herrn Grau findet, vorausgesetzt sie muss oder will weiter mit ihm zusammenarbeiten.

Konfliktlösung

- Die Ursache hinterfragen

Frau Ritz muss sich zunächst die Ursache des Konfliktes vor Augen führen. Was führt zu ihren negativen Gefühlen, ihrem Ärger, ihrer Wut? Welche Grundbedürfnisse sind nicht erfüllt? Da sie sehr zuwendungsorientiert und kooperativ ist, leidet ihr Grundbedürfnis nach Wertschätzung. Sie fühlt sich von Herrn Grau nicht respektiert, da er an ihren Zielen und auch an ihren Kompromissvorschlägen kein Interesse zeigt. Dies führt bei ihr zu Ärger, Wut und letztlich zu Abneigung.

Bei Herrn Grau ist dagegen ein ganz anderes Grundbedürfnis nicht erfüllt: das Bedürfnis nach Selbstbestimmung und Freiheit. Er hat ein Problem damit, sich etwas von anderen sagen zu lassen. Das allgemeine Rauchverbot beschränkt ihn in seiner persönlichen Freiheit. Er bestimmt lieber selbst, wann und wo er dies tut. Aus diesem Grund wehrt er sich auf seine Art gegen diese Fremdbestimmung.

- Den eigenen Ärger reduzieren

Frau Ritz ärgert sich so sehr über Herrn Grau, dass sie die Auseinandersetzungen mit ihm sehr viel Kraft und Energien kosten. Dies beeinträchtigt zum einen ihr Wohlbefinden und damit auch ihre Gesundheit. Zum anderen ist sie aufgrund ihres Ärgers nicht in der Lage, die Auseinandersetzungen mit Herrn Grau sachlich zu führen. Während er gelassen bleibt, ist sie innerlich kurz davor, zu explodieren und zeigt dies auch. Dieser Verhaltensunterschied macht sie immer unsicherer.

Leider reicht bereits eine kurze morgendliche Begegnung aus, ihr für den Rest des Tages die Laune zu verderben. Darunter leidet nicht nur sie selbst, sondern auch ihr Umfeld – also alle außer Herrn Grau. Der Ärger verringert auch ihre Energie für die vielen andere schönen und wichtigen Dinge des Tages. Ihre negativen Gefühle beeinträchtigen bereits ihr Denkvermögen. Es fallen ihr einfach keine anderen Möglichkeiten mehr ein, wie sie mit Herrn Grau umgehen könnte.

Wie es in vielen größeren Unternehmen der Fall ist, kann sie sich nicht einfach von Herrn Grau trennen. Sie ist gezwungen, weiter mit ihm zu arbeiten. Will sie den Konflikt mit Herrn Grau beenden, sollte Frau Ritz lernen, ihren Ärger zu reduzieren.

▸ *siehe auch im Kapitel 5.3 den Abschnitt „Mensch ärgere Dich weniger“*

Eine Möglichkeit bietet hier die Bauchatmung. Die Begegnungen mit Herrn Grau führen buchstäblich zu Gefühlen der Beklemmung, zur Einschnürung der Luftwege. Unwillkürlich hält Frau Ritz die Luft an und wird kurzatmig. Dies führt sofort zu einem Ansteigen der Stresshormone, die den Ärger weiter schüren und Denkblockaden nach sich ziehen. Also gilt es, bewusst in den Bauch zu atmen. Nur einige tiefe Atemzüge führen schon zum Abbau der Stresshormone und damit auch zu einem Abnehmen von Wut- und Ärgergefühlen.

Auch die Strategie der Umdeutung kann Frau Ritz in diesen Situationen helfen, gelassener und ruhiger zu reagieren. Da der Ärger über Herrn Grau immer mehr zunimmt, steigt auch ihre Abneigung. Die inneren Stimmen lassen dann kein gutes Haar mehr an ihm: „Der hat mit heute gerade noch gefehlt“, „Mal schauen, was er jetzt wieder für Frechheiten loslässt“, oder auch: „Mit dem werde ich mich nie einigen können, der geht mir nur noch auf die Nerven“. Diese negativen Stimmen bestätigen die schlechten Gefühle und verstärken sie. Hier hilft es, mit inneren Dialogen eine bewusste Umdeutung vorzunehmen.

Auch ein Schuss Humor dient dazu, negative Gefühle abzubauen: „Oh, da ist er ja wieder. Was wäre ein Tag ohne Herrn Grau!“, „Jetzt bin ich gespannt, welche tollen Argumente er heute fürs Rauchen finden wird“, oder: „Aber ich gebe nicht auf, irgendwann werden wir eine Lösung haben.“ Natürlich führen diese Suggestionen nicht dazu, den Konflikt schnell zu lösen. Aber sie helfen, den eigenen Ärger zu verringern. Dies wiederum führt zu mehr Wohlbefinden, einem freieren Kopf und mehr Motivation, den Konflikt noch einmal anders anzugehen.

- Das eigene Verhalten ändern

So gestärkt, versucht Frau Ritz, ihr eigenes Verhalten im Konflikt mit Herrn Grau zu verändern. Im Gegensatz zu ihrem von Ärger und Wut geprägten früheren Verhalten, wird sie nun gelassener reagieren. Es war wichtig für sie, zu erkennen, dass sie sich in diesem Konflikt zu sehr aufreibt. Sie sind nun einmal sehr unterschiedlich und Herr Grau wird wahrscheinlich nie ihr liebster Mitarbeiter werden. Diese Erkenntnis zeigt ihr, dass sie immer wieder mit ihm Konflikte haben wird, solange er in ihrem Bereich arbeitet. Aber es darf nicht dazu kommen, dass sie deswegen krank wird und ihre Motivation verliert. Sie kann ihn nicht ändern. Aber ihr eigenes Verhalten, ihre eigenen Gefühle, über die kann sie durchaus bestimmen.

Indem Frau Ritz ihm nicht mehr aus dem Weg geht, demonstriert sie wesentlich mehr Gelassenheit. Auch in ihren Gesprächen ist sie darauf bedacht, deutlich weniger emotional zu reagieren, um einen klaren Kopf zu bewahren. Statt mit einem Wutausbruch reagiert sie nun mit sachlicheren Argumenten. Wütende Drohungen sind klar aufgezeigten Konsequenzen gewichen. Auf dieser Ebene fällt ihr der Umgang mit Herrn Grau um einiges leichter.

- Anwendung der respektvollen Sprache

Um diese sachliche Ebene aufrechtzuerhalten, ist es für Frau Ritz hilfreich, bei Herrn Grau besonders auf eine respektvolle Sprache zu achten. Gerade bei großer Abneigung fällt es sehr schwer, diese anzuwenden. So läuft Frau Ritz Gefahr, ihn im Gespräch zu bewerten und zu kritisieren: „Sie sind total engstirnig, nur auf Ihren eigenen Vorteil bedacht, unfähig Kompromisse zu schließen …". Durch die eigene Unsicherheit im Umgang mit ihm kommt es zu Drohungen: „Ihr Verhalten wird Konsequenzen haben, dass lasse ich mir nicht von Ihnen gefallen …". Auch Befehle schleichen sich schnell ein: „Sie werden jetzt sofort damit aufhören."

Diese Bewertungen, Drohungen und Befehle lösen bei Herrn Grau nur negative Gefühle aus. Seine Bereitschaft zur Einigung wird dadurch nicht gefördert. Die Beziehung wird sich weiter verschlechtern und Herr Grau wird sich auf seine Art wehren oder Frau Ritz ausweichen. Die Entwicklung des Konflikts verläuft daher weiter negativ.

Die respektvolle Sprache vermeidet diese negativen Sprachanteile. So wird Frau Ritz anstatt zu bewerten, Herrn Grau spiegeln und Ich-Botschaften verwenden: „Ich habe das Gefühl, dass Ihnen unsere Vereinbarung nicht passt und Sie sich daher auch nicht daran halten." Auf diese Weise spiegelt sie nur, was sie wahrgenommen hat, gibt eine Beobachtung wieder ohne zu werten.

▸ *siehe auch im Kapitel 5.2 den Abschnitt Respektvolle Sprache*

Natürlich ist das Führungsproblem von Frau Ritz durch die Anwendung der respektvollen Sprache und das Verändern des eigenen Verhaltens nicht völlig gelöst. Aber sie findet einen neuen Ansatz im Umgang mit Herrn Grau. Auf dieser Grundlage kann sie ihre Führungsinstrumente besser zum Einsatz bringen.

8 Konflikte mit Vorgesetzten

Konflikte mit der eigenen Führungskraft haben eine zusätzliche Schwierigkeit: das Abhängigkeitsverhältnis. Die meisten Konflikte verlaufen deshalb eher verdeckt. Sie werden zwar nicht offen ausgetragen, führen jedoch trotzdem zu Spannungen. Können sie nicht abgebaut werden, entladen sie sich häufig an anderer Stelle.

8.1 Konflikte sind nicht erwünscht

Nicht jedem Vorgesetzten fällt es leicht, über Konflikte im eigenen Team zu sprechen und diese offen anzugehen. Denn es besteht die Gefahr, dass das Vorhandensein von Konflikten als Führungsschwäche ausgelegt wird. Schließlich ist es Aufgabe jeder Führungskraft, eine gute Arbeitsatmosphäre im Team zu gewährleisten. Gesteht sie diese vermeintliche Schwäche sich selbst und anderen nicht ein, wird sie auch nicht zur Lösung des Konfliktes beitragen. Stattdessen werden bestehende Konflikte so lange wie möglich ignoriert oder gar verleugnet. Frei nach dem Motto: Es kann nicht sein, was nicht sein darf.

Fallbeispiel: Probleme gibt es nicht

Annette ist vor wenigen Monaten aus dem Mutterschaftsurlaub zurückgekehrt. Da sie jetzt Teilzeit arbeiten will, bekommt sie eine neue Stelle im Servicecenter angeboten. Bis vor kurzem gab es dieses Center noch nicht. Frau Marx, die Mitarbeiterin des Empfangs und vier Mitarbeiterinnen der Telefonzentrale bilden seit zwei Monaten das neue Team des Servicecenters. Annette kann sich gut daran erinnern, dass Frau Marx ihrer Aufgabe am Empfang immer sehr energisch und engagiert nachgekommen ist. Unangefochten hat sie dort den Ton angegeben und den Empfang allein geführt. Annette fragt sich, wie Frau Marx sich mit der neuen Situation, eine unter vielen zu sein, arrangiert hat. Sie kann sich Frau Marx nur schlecht als Teammitglied vorstellen. Trotzt dieser

Bedenken freut sich Annette auf ihre neue Tätigkeit. Doch bald merkt sie, dass ihre Befürchtungen hinsichtlich der ehemaligen Empfangsdame berechtigt waren. Frau Marx tut sich sichtlich schwer damit, sich mit anderen abzusprechen. Ebenso schwer fällt es ihr, ihre früheren Aufgaben an die anderen abzugeben. Keine macht es ihr gut genug, ständig kritisiert sie ihre Kolleginnen und sorgt damit für große Spannungen. Am schlimmsten ist es, dass Frau Marx ihr Wissen nicht weitergibt. Machen die anderen daraufhin Fehler, nutzt sie das als Argument, diese Aufgaben wieder allein zu übernehmen. Die anderen Kolleginnen scheinen regelrecht Angst vor Frau Marx zu haben und versuchen, ihr aus dem Weg zu gehen. All dies verhindert eine gute Zusammenarbeit und führt zu vielen Fehlern.

Da Annette neu dazugekommen ist, sieht sie die negative Entwicklung mit dem Blick von außen. Sie spricht ihren Vorgesetzten, Herrn Ries, auf die bestehenden Konflikte an. Herr Ries kennt Frau Marx seit langem und weiß um ihre Stärken und ihre Schwächen. Schon früher konnte er sich ihr gegenüber nur schwer durchsetzen. Daher versucht er möglichst, Auseinandersetzungen mit ihr zu vermeiden. Als nun Annette auf ihn zukommt und ihn bittet in diesen Konflikt einzugreifen, versucht er die Situation zu verharmlosen: „Ja, wir kennen doch alle unsere Frau Marx. Die muss man halt nur richtig zu nehmen wissen, dann ist sie ein Goldstück! Am besten, Sie sprechen einmal selbst mit ihr über Ihre Probleme.“ Annette lässt sich so schnell nicht abspeisen: „Das sind nicht nur meine Probleme. So wie es im Moment läuft, ist eine gute Zusammenarbeit für alle nicht möglich. Ich habe bereits mehrfach versucht, mit Frau Marx zu sprechen. Aber sie reagiert auf meine Anregungen direkt beleidigt. So verschlechtert sich die Atmosphäre in unserem Team nur noch mehr. Ich halte es für sinnvoller, wenn Sie in diesem Konflikt etwas unternehmen.“ Doch Herr Ries winkt ab: „Das ist doch kein richtiger Konflikt! Das sind doch nur die typischen Sticheleien unter Frauen. Das macht ihr besser unter euch aus“.

Konfliktanalyse

- Konfliktanlass: Machtkampf in der Gruppe

In diesem Beispiel gibt es einen Konflikt in der Gruppe. Frau Marx möchte ihre einflussreiche Position nicht aufgeben. Als sie noch allein für den Empfang zuständig war, traf sie – auch ohne eine direkte Führungsfunktion zu haben – viele Entscheidungen ohne jemanden zu fragen. Ihre Alleinstellung am Empfang verschaffte ihr Macht durch Kenntnisse, die andere nicht hatten. Auch Herr Ries als ihr Vorgesetzter mischte sich selten in ihre Arbeit ein. So hatte sie seit jeher großen Freiraum, ihre Tätigkeit so zu gestalten, wie sie es für richtig hielt. Mit der Zusammenlegung der beiden Bereiche hat Frau Marx auf einmal mehrere Kolleginnen, soll Wissen teilen, Aufgaben abgeben, dafür andere Tätigkeiten übernehmen, Absprachen treffen und sich im Team einbringen. Ihre Machtstellung droht zu schwinden. Dagegen versucht sie anzugehen. Sie kämpft um den Erhalt ihrer machtvollen Position.

Die Kolleginnen aus der ehemaligen Telefonzentrale ordnen sich Frau Marx unter. Zwar leiden sie unter ihrem Machtanspruch, sind aber noch nicht so weit, sich zu wehren. Als Annette ins Team kommt, ist sie nicht bereit, diese Situation hinzunehmen. Doch ihre Versuche, Frau Marx zu einer harmonischeren Zusammenarbeit zu gewinnen, schlagen fehl und lassen den Konflikt weiter eskalieren.

- Das Selbstbild aufrechterhalten

Frau Marx wird sich selbst nicht eingestehen, dass es ihr um den Machterhalt geht. Wahrscheinlich wird sie sich sagen, dass die Kolleginnen nicht die Fähigkeiten besitzen, ihre Aufgaben zu übernehmen und dass sie hier mit aller Kraft versucht, die fehlenden Kenntnisse der anderen auszugleichen. Durch diesen Selbstbetrug rechtfertigt sie ihr Verhalten. Als Annette sie vorsichtig auf Fehler im Verhalten anspricht, weist sie diese Kritik zurück. Sie kann sie nicht annehmen, ohne ihr Selbstbild zu zerstören.

◆ Der Vorgesetzte ignoriert den Konflikt

Annette sucht Hilfe bei ihrem Vorgesetzten. Sie fühlt sich nicht in der Lage, den Konflikt im Team allein zu lösen. Doch Herr Ries lehnt jede Einmischung ab und bagatellisiert den Konflikt, indem er ihn als harmlose Stichelei zwischen Frauen deklariert, kleine Problemchen, die sie doch bitte untereinander lösen sollen. Herr Ries steht diesem Konflikt nicht offen gegenüber. Er möchte den eigenen Frieden und seine Ruhe nicht gefährden. Dies geht solange gut, bis der Konflikt größere Folgen nach sich zieht. Erst wenn die Arbeitsleistungen deutlich abfallen, die Fehler nach außen dringen, die Mitarbeiterinnen extreme Fehlzeiten aufweisen oder sogar kündigen, wird Herr Ries den Konflikt nicht mehr ignorieren können. Leider sinken durch sein derzeitiges Verhalten die Chancen auf eine freundliche Lösung. Denn je länger der Konflikt besteht, je weiter er sich entwickeln darf, desto unwahrscheinlicher wird eine erfolgreiche Intervention.

Konfliktlösung

◆ Hartnäckig bleiben

Wichtig ist es, dass Annette sich nicht einfach damit abfindet, dass ihr Vorgesetzter nicht eingreifen will. Seine Weigerung, den Konflikt als solchen anzuerkennen, sollte Annette nicht akzeptieren. Denn noch befindet sich der Konflikt auf der ersten Konfliktstufe. Zwar herrschen Skepsis und Misstrauen und es kommt zu den ersten kleinen Auseinandersetzungen, aber weiter ist noch nichts geschehen. Gerade jetzt ist es sinnvoll, den Konflikt anzugehen und nach einer freundlichen Lösung für alle Beteiligten zu suchen.

Viel zu häufig geben wir in solchen Situationen zu schnell auf. Und das nur, weil wir nicht direkt Erfolg haben. Aus diesem Grund starten wir keinen ernsthaften weiteren Versuch. Auch Annette läuft Gefahr, vom Ergebnis des Gespräches mit ihrem Vorgesetzten enttäuscht zu sein. Wenn sie jetzt frustriert aufgibt, übernimmt auch sie eine passive Rolle in dem Konflikt. Da sie aber selbst von ihm betroffen ist und seine negativen Auswirkungen weiterhin spüren wird, kann sie damit nicht zufrieden sein. Hier gilt es, Herrn Ries immer wieder auf den bestehenden Konflikt anzusprechen, ihn immer wieder zu beteiligen. Damit verhindert sie, dass die Nichteinmischungstaktik des Vorgesetzten aufgeht.

Lässt Annette ihn jedoch in Ruhe, wird er sein Verhalten erst ändern, wenn der Konflikt schon unnötig weit fortgeschritten ist und es für einfachere Lösungen zu spät ist.

▸ *siehe auch im Kapitel 1.4 den Abschnitt „Wir haben keinen Konflikt"*

8.2 Die Interessen sind unterschiedlich

Eigentlich ist es die Aufgabe einer Führungskraft, die Mitarbeiter zu fördern und ihnen die Weiterentwicklung zu ermöglichen. Doch in der Praxis bedeutet dies für einen Vorgesetzten leider auch, dass er irgendwann seine besten Mitarbeiter verlieren wird. Denn ohne Wechsel ist Weiterentwicklung meistens nicht zu haben. So kommt es zum Gewissenskonflikt bei der Führungskraft: „Ich will meine Mitarbeiter fördern und gleichzeitig will ich sie nicht verlieren." Zusätzlich entsteht ein Interessenkonflikt zwischen Vorgesetztem und Mitarbeiter. Letzterer will sich weiterentwickeln und die Abteilung verlassen, der andere will den guten Mitarbeiter nicht gehen lassen, da er dessen Kompetenzen für den Erfolg der Abteilung benötigt.

Fallbeispiel: Die Bewerbung

Simon, der Assistent von Herrn Mengen, wünscht sich ein berufliches Fortkommen und bewirbt sich intern auf eine freie Stelle im Controlling. Ein erstes Gespräch mit ihm und dem dortigen Leiter hat bereits stattgefunden. Diese Stelle bietet ihm mittelfristig gute Aufstiegschancen, die er in seiner bisherigen Abteilung leider nicht hat. Er spricht sein Vorhaben offen bei seinem Vorgesetzten an. Herr Mengen zeigt sich nicht gerade begeistert von der Idee, verspricht aber, ihn bei seinem Vorhaben zu unterstützen und sich beim Leiter des Controllings für ihn zu verwenden. Zwei Wochen vergehen, ohne dass Simon eine Rückmeldung erhält. Er versucht Herrn Mengen zu sprechen, doch der hat im Moment keine Zeit für ihn. So verstreicht eine weitere Woche und der Urlaub seines Vorgesetzten steht vor der Tür. Aufgrund weiterer Termine außer Haus verpassen es die beiden, sich noch vor dem Urlaub auszutauschen.

Da Simon nicht auf die Rückkehr seines Vorgesetzten warten will, nimmt er persönlich Kontakt zum Leiter des Controllings auf. Dieser bedankt sich für Simons Bewerbung, erklärt ihm jedoch, einen anderen für diese Position ausgewählt zu haben: Man benötige für diese Stelle einen Mitarbeiter, der bereit ist, die Niederlassungen im Ausland vor Ort regelmäßig zu besuchen. Da dies bei Simon ja leider nicht möglich sei, habe er die Stelle anderweitig vergeben. Simon ist irritiert und hakt nach: „Wieso glauben Sie, dass ich nicht gern zeitweise im Ausland arbeiten würde?“ „Na ja, ich hatte mich noch einmal mit Herrn Mengen unterhalten und der hat mir erzählt, dass Sie als junger Familienvater sehr eingespannt sind. Ich bin mir sicher, dass es mit den vielen Aufenthalten fern von Zuhause nicht gut gegangen wäre. Es ist bestimmt besser für Sie, hier in der Nähe zu bleiben.“

Simon ist wütend, verletzt und enttäuscht: „Wieso hat mich mein Vorgesetzter so hintergangen? Bestimmt, weil er mir den Aufstieg nicht gönnt. Weil er mich und meine Arbeitskraft behalten will. Deshalb hat er mir auch nichts über die Unterredung mit dem Leiter des Controllings erzählen wollen. Aber nicht mit mir! Dieses unfaire und intrigante Verhalten werde ich mir nicht gefallen lassen. Soll sich Herr Mengen doch jemand anderes suchen, mit dem er so umspringen kann.“ Als Herr Mengen aus dem Urlaub zurückkommt, hat Simon bereits seine Kündigung eingereicht.

Konfliktanalyse

- Vermutung wird zur Wahrheit

Dies ist ein schönes Beispiel, wie wir uns selbst in einen Konflikt hineinsteigern können, ohne nachzufragen, was wirklich geschehen ist. Simon geht nach dem Gespräch mit dem Leiter des Controllings davon aus, dass sein eigener Chef ihn hintergangen hat. Seiner Meinung nach hat Herr Mengen ganz bewusst dafür gesorgt, dass er die neue Position nicht erhält, um ihn aus reinem Egoismus als seinen Assistenten behalten zu können. Innerhalb weniger Sekunden erwächst aus seiner Vermutung eine unumstößliche Wahrheit.

Aber es könnte auch ganz anders gewesen sein. Nehmen wir einmal an, Herr Mengen wusste nicht, dass diese Position häufige Auslandsaufenthalte beinhaltet. Nehmen wir weiter an, Herr Mengen wollte die guten Eigenschaften von Simon positiv darstellen, wie zum Beispiel seine Bereitschaft Verantwortung zu übernehmen. Mit der Erwähnung, Simon sei ein junger und engagierter Vater wollte er diese Eigenschaft noch untermauern.

So kann es gewesen sein, vielleicht war es aber auch ganz anders. Vielleicht hat Simon mit seiner Vermutung sogar Recht. Fest steht jedoch, er kann es nicht wissen, er kann es nur vermuten. Leider ist er sich dessen nicht bewusst. Auf diese Weise spielen uns Missverständnisse in Konflikten immer wieder einen bösen Streich. Wegen ihnen sind schon viele voreilige Schlüsse gezogen worden und Konflikte unnötig eskaliert.

▸ *siehe auch im Kapitel 1.1 den Abschnitt „Bilder im Kopf“*

- Die Denkblockade

Da Simon glaubt, sein Vorgesetzter habe sich hinterhältig verhalten, versucht er, es ihm heimzuzahlen. So kündigt Simon in Abwesenheit seines Chefs, hinter dessen Rücken. Seine Kündigung ist gleichzeitig auch Rache an Herrn Mengen. Er verzichtet aus gekränktem Stolz auf eine offene Aussprache. Mit diesem Mann will er nichts mehr zu tun haben. Doch leider schadet er mit seiner schnellen Kündigung nicht nur Herrn Mengen. Er schadet auch sich selbst, indem er spontan und ohne Rücksprache seine Konsequenzen zieht.

Zu dieser schnellen Reaktion kommt es, weil Simons Denkfähigkeit durch seine Wut beeinträchtigt ist. So werden nur noch die Gedanken zugelassen, die zu seiner Vermutung passen. Jeder weitere Gedanke scheint seine Version der Wahrheit nur noch zu bestätigen. Die blockierenden Stresshormone bewirken, dass Simon schnell und unüberlegt handelt. Seine vorschnelle Kündigung bedeutet in diesem Fall nichts anderes als Kampfverhalten. Er versucht den Konflikt mit Kampf zu lösen. Es geht ihm auch um die Rache an seinem Vorgesetzten, der nun ohne seinen Mitarbeiter auskommen muss. Simon nimmt dabei in Kauf, dass er sich selbst damit schadet. Dies ist bei Konflikten, die bereits eine höhere Eskalationsstufe erreicht haben, durchaus üblich. Dann haben die Beteiligten nur noch ein Ziel: dem anderen zu schaden, auch auf die Gefahr hin, eigene Nachteile in Kauf nehmen zu müssen.

Konfliktlösung

- Unüberlegte Reaktionen vermeiden

Simon muss versuchen, sich wieder zu beruhigen. Erst wenn seine negativen Gefühle wie Wut und Ärger ihn nicht mehr steuern, ist er in der Lage, die Situation klar zu sehen und angemessen zu reagieren. Ganz nach dem Motto: „Erst denken, dann handeln.“. Mit denken ist an dieser Stelle gemeint, den Konflikt zu hinterfragen: „Was will ich mit meinem Verhalten erreichen?“ Simons Antwort könnte lauten: „Ich will meinem Vorgesetzten zeigen, dass ich mich nicht so von ihm behandeln lasse“. Wird er dieses Ziel durch seine unkommentierte Kündigung erreichen? Nein, wahrscheinlich nicht. Sein Vorgesetzter wird den Grund für seine Kündigung nie erfahren, wenn er nicht mit ihm darüber spricht. Seine spontane Kündigung würde ihr Ziel verfehlen. Wenn Simon jedoch sein Ziel erreichen will, muss er offen mit seinem

Vorgesetzten über seine Enttäuschung, seinen Ärger sprechen. Diese Offenheit bietet weitere Möglichkeiten. Auf diese Weise haben beide auch die Chance, mögliche Missverständnisse aufzuklären. Vielleicht zeigt sich ja tatsächlich, dass Simon einer falschen Vermutung aufsaß.

- Pro und Kontra

Da es uns in Situationen, in denen wir sehr wütend sind, schwer fällt nachzudenken, hilft es, zum Stift zu greifen. So kann man seine eigenen Gedanken besser und konzentrierter sortieren. In Simons Fall bietet es sich an, eine Pro und Kontra-Aufstellung anzufertigen. Auf der Pro-Seite stellt er sich die Frage: „Wenn ich jetzt sofort kündige, was habe ich davon?" und auf der Kontra-Seite „Welche negativen Folgen nehme ich dafür in Kauf?" Auf der fertigen Liste finden sich die Vorteile neben den Nachteilen. Jetzt kann Simon viel deutlicher überblicken, ob sich sein Vorhaben unter dem Strich noch immer für ihn lohnt. Ein weiterer Vorteil dieser Liste ist es, dass sie Zeit kostet und zum Nachdenken zwingt. Beides hilft, die vorhandene Wut und den Ärger zu reduzieren. Bevor Simon mit seiner Liste beginnt, sollte er allerdings erst einmal etwas Zeit vergehen lassen. Das geflügelte Wort, man möge erst einmal eine Nacht über etwas schlafen, sagt ja nichts anderes, als dass man versuchen soll, die erste Wut zu bewältigen, um wieder klar denken zu können. Dann fällt Simon sicher auch die Aufstellung der Für- und Gegenargumente leichter.

8.3 Zwei Generationen gemeinsam in einem Betrieb

Eine besondere Form von Konflikten mit dem Vorgesetzten liegt vor, wenn die Eltern einen Betrieb leiten und die Kinder dort beschäftigt sind. Gerade in kleinen Unternehmen gibt es immer wieder Schwierigkeiten, wenn die Jungen den Betrieb übernehmen wollen, die ältere Generation aber noch teilweise im Betrieb verbleibt. Eltern fällt es oft nicht leicht, den Betrieb ganz aus ihren Händen zu geben und ihren Kindern die alleinige Entscheidung zu überlassen. Die Konsequenz:

Immer wieder kommt es zu Einmischungen. Aus dieser ungeklärten Führungssituation ergeben sich leicht heftige Konflikte.

Fallbeispiel: Wenn der Vater mit dem Sohne

Das Weingut ist seit über achtzig Jahren im Familienbesitz und wird von Maria und Horst Witt geführt. Horsts Ideenreichtum ist es zu verdanken, dass das alte Weingut auch schwierige Zeiten immer gut überstanden hat. Seine große Stärke ist die Pflege seiner treuen Kunden. Die sehr unterhaltsamen Weinproben sprechen sich herum und bringen ihm immer wieder neue Gäste, die danach über viele Jahre hinweg ihren Wein von ihm beziehen. Er liefert seine Bestellungen selbst an seine Kunden aus. Dafür fährt er mehrmals im Jahr durch ganz Deutschland.

Der einzige Sohn Ralf ist erfolgreich im Bankgeschäft tätig. Er hilft nur noch gelegentlich im Familienbetrieb aus. Da seine Eltern mit Leib und Seele im Weingut arbeiten, schiebt er den Gedanken, was mal später aus dem Familienbetrieb werden soll, immer wieder weg. Doch als sein Vater schwer erkrankt, muss Ralf eine Entscheidung treffen. Er bietet seinen Eltern an, das Weingut zu übernehmen. Die Eltern sind froh, dass der Betrieb erhalten werden kann. Ralf kündigt seine Stelle, löst seine Wohnung auf und zieht aufs elterliche Gut. In den nächsten Monaten hat er alle Hände voll zu tun, sich wieder richtig einzuarbeiten. Seine Mutter ist mit der Pflege des Vaters beschäftigt, so dass er das Weingut nur mit den Aushilfen betreibt. Da er allein nicht in der Lage ist, alle Aufgaben so fortzuführen, wie es seine Eltern getan haben, nimmt er Veränderungen vor. Unter anderem versucht er erfolgreich, größere Abnehmer für den Wein zu finden, damit er nicht nur von den sehr zeitintensiven Kleinkunden leben muss.

Als es dem Vater nach einem Jahr wieder besser geht, zieht es ihn zurück zur Arbeit. Doch die Veränderungen seines Sohnes passen ihm gar nicht. Die Umstrukturierung weg von den kleinen Privatkunden hin zur Belieferung von Großabnehmern kann er nicht nachvollziehen. Er will dort weiter machen, wo er vor seiner Krankheit aufgehört hat. Doch er versucht sich seine Enttäuschung nicht anmerken zu lassen. So gibt es zwar keine Auseinandersetzung, dennoch wachsen die Spannungen zwischen den beiden. Als Ralf einige Monate später mit der Planung für eine Erweiterung der Anlage beginnt, kommt es zum Eklat. Der Vater verweigert die Zustimmung: „Ich lasse es nicht zu, dass du unser Weingut überschuldest und in den Ruin treibst". Da das Weingut noch nicht rechtlich an Ralf überschrieben ist, kann er die Erweiterung nicht gegen den Willen der Eltern durchführen. Wütend wirft Ralf seinem Vater vor, dass er alles für ihn und dieses Weingut aufgegeben habe, unter der Voraussetzung, das Weingut zu übernehmen. Aber wenn er hier keine Entscheidungen treffen darf, sei er wohl an der falschen Stelle.

Konfliktanalyse

- Konfliktanlass: Der Weg zum Ziel

Der Anlass für den Konflikt zwischen Vater und Sohn ist die unterschiedliche Beurteilung des richtigen Weges. Beim Ziel sind sich die beiden durchaus einig. Es geht um den Erhalt des alten Weingutes, das beiden am Herzen liegt. Allerdings herrscht Uneinigkeit über die Vorgehensweise.

- Verdeckter Konflikt bricht plötzlich auf

Horst Witt versucht sich zurückzuhalten, schließlich ist es jetzt ja Sache seines Sohnes. Beide reden nicht offen miteinander über ihre jeweiligen Erwartungen und Vorstellungen. So kommt es zum verdeckten Konflikt beim Vater. Er versucht zu bemänteln, was er wirklich denkt und fühlt, um keine Auseinandersetzung zu provozieren. Doch trotz dieses Versuches kommt es zu Spannungen in der Vater-Sohn-Beziehung. Dann bricht der verdeckte Konflikt schlagartig aus. Die Folge: Ein heftiger und emotional geführter Streit zwischen Vater und Sohn entbrennt.

◆ Die Ursache hinterfragen

Warum tauschen sich beide nicht in Ruhe über die verschiedenen Erwartungen und Ideen aus? Wieso entwickelt sich die Auseinandersetzung so heftig und so emotional? Warum können sich Vater und Sohn, obwohl sie sich sehr zugetan sind und das Gleiche wollen, nicht einigen? Die Ursache des Konflikts liegt bei Vater und Sohn im gleichen nicht erfüllten Bedürfnis: Es geht um das Bedürfnis nach Wertschätzung, Anerkennung und Respekt.

Als Horst Witt nach langer Krankheit endlich wieder arbeiten will, findet er seinen Betrieb verändert vor. Vor allem stört es ihn, dass seine Stammkunden, die er mit viel Mühe und Arbeit an sich gebunden hat, ihren Stellenwert für das Weingut verloren haben. Sie waren ihm sehr wichtig. Er fühlt seine langjährige Arbeit nicht wertgeschätzt. Kaum ist er weg, sind all seine früheren Erfolge nichts mehr wert, werden andere Wege beschritten. Darüber ist er sehr enttäuscht und traurig. Die Gefühle lassen sich nicht auf Dauer unterdrücken, sie wandeln sich von Enttäuschung in großen Ärger, als sein Sohn plant, die Weinanlage zu vergrößern. Den Ärger kann und will er nun nicht mehr zurückhalten und es drängt ihn, wieder die Kontrolle zu übernehmen. Seine Enttäuschung und sein Ärger entladen sich in heftigen Vorwürfen und Kritik am Sohn.

Dieser heftige Ausbruch, die Vorwürfe des Vaters, er würde das Weingut ruinieren, verletzen auch Ralfs Bedürfnis nach Anerkennung und Wertschätzung. Dies führt bei ihm zum Ausbruch von negativen Gefühlen, zu großer Enttäuschung, zu Verletztheit und Ärger. Warum schenkt der Vater ihm kein Vertrauen? Warum sieht er nicht, wie viele Opfer er selbst schon gebracht hat, um das Weingut am Leben zu erhalten? Diese Gedanken machen ihn so wütend, dass er seinem Vater mit Konsequenzen droht.

Konfliktlösung

- Mit dem Wissen über die Ursache das Gespräch suchen

Für die Lösung dieses Konfliktes ist es hilfreich, wenn Ralf Witt sich die Ursachen für den Konflikt vor Augen hält. Das verletzte Grundbedürfnis führte zum emotionalen Ausbruch. Dass der Konflikt so heftig ausbrach, lag unter anderem daran, dass er lange Zeit verdeckt war. Der Vater hat mit seinem Sohn nicht offen über seine enttäuschten Erwartungen gesprochen. Auch der Sohn unterzog sich nicht der Mühe, den Vater aktiver in seine Gedanken mit einzubeziehen. Will Ralf den Konflikt mit seinem Vater wirklich lösen und nicht nur dem Konflikt ausweichen, indem er das Weingut wieder verlässt? Dann ist es sinnvoll mit dem Vater ein offenes Gespräch zu führen.

- Die respektvolle Sprache beachten

Wenn Ralf nach dieser heftigen Auseinandersetzung wieder das Gespräch mit dem Vater sucht, ist es wichtig, dass er auf seine Sprache achtet. Gerade wenn die eigenen Bedürfnisse verletzt sind, wenn negative Gefühle auf beiden Seiten das Gespräch bestimmen, muss man seine Sprache bewusst einsetzen. Im Streit haben beide Seiten keine respektvolle Sprache benutzt. Der Vater kritisiert Ralf heftig und malt schwarz-weiß. Er sagt deutlich, was richtig und was falsch ist. Vom Angriff des Vaters überrascht, reagiert Ralf mit der Drohung, das Weingut wieder zu verlassen. Doch Kritik, Schwarz-Weiß-Malerei und Drohungen werden den Konflikt auf beiden Seiten nur weiter eskalieren lassen.

Bittet Ralf seinen Vater zu einem Klärungsgespräch, werden sich wahrscheinlich beide bemühen, ruhiger miteinander zu sprechen. Doch der Ärger und die Enttäuschung sind groß. Es besteht durchaus die Gefahr, dass sie sich nicht so einfach unterdrücken lassen werden. Mithilfe der respektvollen Sprache kann Ralf das Gespräch führen, ohne seinem Vater das Gefühl zu geben, angegriffen oder nicht respektiert zu werden. Die respektvolle Sprache hilft, über Emotionen zu sprechen. So stauen sie sich nicht weiter an, können verarbeitet werden und brechen nicht bei der nächsten Gelegenheit wieder übermächtig hervor.

▸ *siehe auch im Kapitel 5.2 den Abschnitt „Respektvolle Sprache“*

◆ Die Deeskalationsstrategie anwenden

Ralf eröffnet das Gespräch, indem er die erlebten Gefühle seines Vaters spiegelt: „Ich habe gespürt, dass Du enttäuscht und sehr verärgert bist“. Auf diese Weise zeigt er seinem Vater, dass er sehr wohl wahrnimmt und versteht, wie es ihm in dieser Situation geht.

Im zweiten Schritt versucht Ralf nun, sich seine Vermutung über das verletzte Bedürfnis seines Vaters bestätigen zu lassen: „Ich habe das Gefühl, du bist so enttäuscht, weil ich in den letzten Monaten so vieles geändert habe, was du dir in all den Jahren aufgebaut hast. Ich kann mir vorstellen, dass das auf dich so gewirkt hat, als würde ich deine Arbeit nicht anerkennen.“ Nun gibt Ralf seinem Vater die Gelegenheit, über seine Bedürfnisse, seine Gefühle zu sprechen, Ralfs Vermutung zu bestätigen oder zu korrigieren.

Im dritten Schritt spricht Ralf von seinem eigenen Bedürfnis und seinen eigenen Gefühlen. Damit zeigt er seinem Vater, dass sie sich beide in der gleichen Situation befinden: „Es hat mich sehr betroffen gemacht, als du mir gesagt hast, ich würde den Betrieb in den Ruin treiben. Ich bin sehr enttäuscht, weil ich mich und meine Arbeit, meine Bemühungen nicht wertgeschätzt sehe.“

Zum Schluss regt Ralf eine gemeinsame Suche nach der Lösung an. Dabei vermeidet er es, einem Schuldigen für den Konflikt zu suchen, sondern er konzentriert sich auf die Lösung. Eine Lösung zu finden, stellt nicht die größte Schwierigkeit dar. Viel wichtiger ist es, die Bereitschaft für eine Lösungsfindung wiederherzustellen.

▸ *siehe auch im Kapitel 5.2 den Abschnitt „Mit Angriffen gekonnt umgehen – die Deeskalationsstrategie“*

9 Konflikte mit Kunden

Gerade das Verhältnis zwischen Kunden und Dienstleistern birgt viel Konfliktpotenzial. Obwohl grundsätzlich das Prinzip der Dienstleistung lautet, dem Kunden das zu geben, was er erwartet, wird gerade das zum Problem. Die Erwartungen des Kunden stimmen nicht immer mit dem überein, was er am Ende erhält. Daher ist es für jeden im Kundenkontakt Tätigen hilfreich, Strategien zur Hand zu haben, um in einem solchen Fall gut reagieren zu können. Konflikte sind im Umgang mit dem Kunden nicht immer zu vermeiden. Dafür ist es umso wichtiger zu wissen, wie sie freundlich gelöst werden können.

9.1 Die schriftliche Beschwerde

Kunden sind unzufrieden, wenn ihre Erwartungen und Wünsche nicht erfüllt werden. Wenn dann auch noch die verschiedenen Grundbedürfnisse – etwa Wertschätzung oder Selbstbestimmung – nicht erfüllt sind, kommt es zu Enttäuschung, Hilflosigkeit und Ärger. Nicht immer reagieren Kunden sofort und beschweren sich an Ort und Stelle. Viele nehmen ihren Ärger mit nach Hause und reichen ihre Beschwerde im Nachhinein schriftlich ein.

Fallbeispiel: Dafür bin ich nicht zuständig!

Herr Lehmann arbeitet bei der Warenausgabe eines großen Möbelcenters. Es ist Samstagnachmittag und entsprechend viele Kunden warten auf ihre Möbel. Herr Lehmann erklärt gerade einem älteren Herrn den Weg zur Sonderausstellung, als eine Kundin an seinen Schalter stürzt. Sie hat es sichtlich eilig und Herr Lehmann ist bemüht, sie schnell zu bedienen. Sie hält ihm ihren Abholschein hin und bittet um eine rasche Bearbeitung. Herr Lehmann holt das entsprechende Regal sehr zügig aus dem Lager und wünscht der Kundin noch einen schönen Tag. Nach fünf Minuten steht sie mit hochroten Kopf wieder vor seinem Schalter:

„Das ist das falsche Regal. Ich habe ein weißes bestellt, dieses ist eindeutig rot. Haben Sie keine Augen im Kopf? Das kann doch nicht so schwer sein." Herr Lehmann kennt solche Wutausbrüche zur Genüge. Immer wieder kommt es zu Reklamationen, vor allem in Stoßzeiten. Die Kunden zeigen kein Verständnis und reagieren ihre Wut bei ihm ab. Er bleibt betont ruhig: „Zeigen Sie mir noch mal Ihren Bestellschein". Nach einem kurzen Blick darauf erklärt er ihr: „Sie haben das falsche Regal bestellt. Sehen Sie? Da steht es klar und deutlich: Regal in rot. Das müssen Sie schon direkt mit dem Verkäufer klären. Kommen Sie dann bitte mit der richtigen Bestellung wieder zu mir." Mit diesen Worten dreht er sich von der Kundin weg und bedient weiter. Einige Tage später bekommt er von seinem Vorgesetzten ein Reklamationsschreiben ausgehändigt. Darin beschwert sich die Kundin unter anderem über seine arrogante Art. Der erstaunte Herr Lehnmann ist sich keiner Schuld bewusst. Er kann sich noch genau erinnern: Völlig ruhig und sachlich ist er geblieben. Wieso beschwert sich die Kundin bloß über sein Verhalten? Warum hat sie ihn nicht direkt darauf angesprochen?

Konfliktanalyse

- Die Kundin bekommt keine Zuwendung

Herr Lehmann ist sich sicher, richtig reagiert zu haben. Ganz bewusst ist er ruhig geblieben und hat sich von dem Ärger der Kundin nicht provozieren lassen. Dabei hat er ihr sachlich erklärt, wie das Problem zustande gekommen ist und was jetzt zu tun sei. Doch genau dieses ruhige und sachliche Verhalten hat zu der Beschwerde geführt. Herr Lehmann hat sich im Konflikt mit der Kundin sehr abwendungsorientiert verhalten. Das heißt, er wollte den Konflikt mit Sachargumenten lösen. Er ignorierte dabei die Gefühlsebene und hinterließ einen kühlen und arroganten Eindruck bei der Kundin.

Doch die Kundin benötigt mehr Zuwendung. Sie fühlt sich nicht verstanden, nicht ernst genommen. Sie ist viel zu aufgewühlt, um sich auf der Sachebene mit Herrn Lehmann austauschen zu können. Stattdessen benötigt die Kundin in dieser Situation mehr Verständnis, gerade auch auf der Gefühlsebene. Indem Herr Lehmann auf ihren Gefühlsausbruch ganz sachlich reagiert, signalisiert er ihr, dass ihre Wut sehr kindisch anmutet. Er dagegen hat sich und die Situation völlig unter Kontrolle. Diese Gegensätzlichkeit schafft eine große Distanz zur Kundin – möglicherweise der Grund dafür, dass sie sich nicht bei ihm direkt beschwert, sondern dies im Nachhinein bei seinem Vorgesetzten tut.

- Die Frage nach dem Schuldigen

Herr Lehmann verschärft die Situation unnötig. Er sucht erst nach dem Schuldigen für den Konflikt, anstatt selbst eine Lösung anzubieten. Da ihn in seinen Augen keine Schuld trifft, ist er auch nicht für die Lösung verantwortlich. Verursacher des Konfliktes ist für ihn in erster Linie der Verkäufer, der das Regal in der falschen Farbe bestellt hat. Aber auch die Kundin hat seiner Meinung nach dazu beigetragen, weil sie es unterließ, den Bestellschein zu kontrollieren. Daher ist die Sache für ihn klar: Erst wenn die Kundin mit dem Verkäufer die Bestellung korrigiert hat, kommt er wieder ins Spiel. Dann sucht er ihr gern das gewünschte Regal aus dem Lager. Doch die Kundin möchte mit ihrer Reklamation vor allem angenommen und verstanden werden.

- Die Konflikteskalation

Am Anfang befindet sich der Konflikt noch auf der ersten Eskalationsstufe. Die Kundin und Herr Lehmann prallen aufeinander. Noch bietet sich die Chance für eine schnelle und freundliche Lösung. Leider löst Herr Lehmann den Konflikt nicht positiv. Im Gegenteil: Die Kundin ärgert sich nur noch mehr und beschließt, sich bei seinem Vorgesetzten zu beschweren. Damit erreicht der Konflikt ganz schnell die nächsten Eskalationsstufen. Es kommt zu Handlungen, die Herrn Lehmann ganz gezielt schädigen sollen. So verfasst die Kundin eine schriftliche Beschwerde über sein Verhalten und erreicht damit, dass sich die

Geschäftsführung mit dem Vorfall – und dem Verhalten von Herrn Lehmann – befasst.

Je weiter der Konflikt eskaliert, umso mehr Personen werden in die Auseinandersetzung hineingezogen. Am Ende sind gleich mehrere mit der Bearbeitung der Reklamation beschäftigt, um noch eine zufriedenstellende Lösung zu erzielen.

Konfliktlösung

- Die Ursache hinterfragen

Weder Herr Lehmann noch die Kundin sehen ihr Bedürfnis nach Respekt und Wertschätzung erfüllt. Das sorgt für negative Gefühle. Beide verspüren großen Ärger. Die Kundin fühlt sich nicht wertgeschätzt. Obwohl sie sichtlich unter Zeitdruck steht, hilft ihr der Mann aus der Warenausgabe nicht weiter. Statt zu helfen, schickt er sie wieder zurück zum Verkäufer. Es scheint ihm völlig egal zu sein, wie es ihr damit im Moment geht. So fühlt sie sich weder als Mensch, noch als Kundin respektiert.

Auch Herrn Lehmanns Bedürfnis nach Wertschätzung und Anerkennung bleibt unerfüllt. Die Kundin zeigt ihm gegenüber keinen Respekt. Sie lässt ihre Wut über die falsche Bestellung völlig zu unrecht an ihm aus. Er kann den Ärger darüber nicht verdrängen, aber er versucht, ihn zu überspielen. Es ist für Herrn Lehmann gefährlich, wenn er sein Bedürfnis nach Wertschätzung vom Verhalten der Kunden abhängig macht. Er stellt folgende Gleichung auf: Der Kunde lässt seine Wut an mir aus, also ist mein Bedürfnis nach Wertschätzung ist nicht erfüllt, also ich bin verletzt und verärgert. Mit dieser Schlussfolgerung begibt er sich in unnötige Abhängigkeit vom Kunden. Hat dieser schlechte Laune, dann leidet er darunter. Wird ein Kunde wütend und verliert die Beherrschung, sieht sich Herr Lehmann als Opfer. Die Folge: Er reagiert statt zu agieren. Erst wenn er sich selbst in die Verantwortung für die Erfüllung seiner Bedürfnisse nimmt, ist er nicht mehr abhängig vom Verhalten der Kunden.

- Sich in die Lage des Kunden versetzen

Kunden möchten bei Beschwerden vor allem eines: Sie möchten verstanden und ernst genommen werden und sie erwarten eine gerechte Behandlung. In diesem Beispiel hat die Kundin gleich mehrfach Ärger: weil sie ein falsches Produkt erhalten hat, weil sie in Eile ist und weil sie dieser Umstand länger aufhält als nötig. Sie erwartet nun das Naheliegende: eine Entschuldigung und eine schnelle Korrektur. Wenn Herr Lehmann sich in ihre Lage versetzt hätte, würde er genau dieses erkennen und automatisch auf ihre Gefühle und Erwartungen eingehen. Dabei wäre es hilfreich, wenn er die Ursache für den Konflikt mit bedenkt – das Bedürfnis der Kundin nach Wertschätzung und Respekt: „Ich sehe, dass Sie in Eile und daher verärgert sind. Es tut mir wirklich leid, dass hier anscheinend ein Fehler unterlaufen ist. Jetzt mussten Sie extra noch einmal zurückkommen." Damit zeigt er der Kundin, dass er ihren Ärger respektiert und ihr helfen will. Außerdem erspart sich Herr Lehmann die Suche nach dem Schuldigen, die hier weder die Kundin noch ihn weiterbringt.

- „Ihr Problem ist mein Problem"

Jeder Kunde richtet bei einer Beschwerde folgende Erwartung an sein Gegenüber: „Mach mein Problem zu deinem". Auch wenn Herr Lehmann den Konflikt nicht verursacht hat, ist es seine Aufgabe, der Kundin im Namen der gesamten Firma weiterzuhelfen. Tut er dies nicht, ist die nächste Eskalationsstufe vorprogrammiert. Es ist an ihm, der Kundin aktiv eine Lösung anzubieten: „Ich mache Ihnen einen Vorschlag: Ich rufe schnell bei dem zuständigen Verkäufer an. Der kann Ihnen dann umgehend einen neuen Abholschein ausstellen und hier vorbeibringen. Möchten Sie in der Zeit einen Kaffee in unserer Cafeteria trinken?" Natürlich kann es sein, dass die Kundin sich damit nicht zufrieden geben wird. Aber sie registriert auf jeden Fall die Hilfsbereitschaft und Lösungsorientierung.

9.2 Der Wunsch des Kunden ist nicht erfüllbar

Eine der häufigsten Konfliktsituationen: Der eine will etwas, was der andere ihm nicht geben kann. Vor allem für Mitarbeiter im direkten Kundenkontakt ist das eine unangenehme Situation. Wenn sich Wünsche und Forderungen des Kunden nicht erfüllen lassen, benötigen die Mitarbeiter gute Strategien, um diese konfliktreichen Situationen freundlich zu bewältigen.

Fallbeispiel: Der Kunde will den Auftrag stornieren

Herr Fuhrmann arbeitet seit Jahren im Reklamationsmanagement der Firma Kitchen & Co. Der Mitarbeiter aus der Telefonzentrale stellt ihm wieder einmal einen verärgerten Kunden durch. Tief einatmen, einen kurzen Blick auf das Bild seines kleinen Sohns geworfen und los geht's. Er meldet sich mit freundlicher Stimme: „Firma Kitchen & Co, Stefan Fuhrmann. Was kann ich für Sie tun?" Am anderen Ende der Leitung hat er einen Kunden, der merklich genervt ist: „Ja, hallo. Hier ist Siebert. Ich habe gerade schon bei einer Kollegin von Ihnen versucht, meine Bestellung zu reklamieren, aber die war ja nicht dafür zuständig. Bin ich bei Ihnen jetzt endlich richtig?" Herr Fuhrmann: „Aber sicher doch, Herr Siebert, da sind Sie bei mir richtig. Was haben Sie denn für eine Reklamation?" Herr Siebert antwortet: „Ich habe vor zwei Wochen eine Espresso-Maschine bestellt, das Modell Caro, das sie momentan im Angebot haben. Sie ist bis heute nicht bei mir angekommen. Daher möchte ich jetzt die Bestellung stornieren. Ich muss mich schon auf die Lieferzeiten verlassen können und bin sehr verärgert, dass Sie Ihre Zusagen nicht einhalten!" Herr Fuhrmann geht auf ihn ein: „Oh, da haben Sie völlig Recht, Herr Siebert. Die vorgesehene Lieferzeit ist eindeutig überschritten. Es tut mir sehr leid, dass Sie davon betroffen sind. Einen Moment bitte, ich rufe mir schnell Ihre Bestellung auf. Herr Siebert, ist sehe gerade, dass die Ware schon auf dem Weg zu Ihnen ist. In spätestens zwei Tagen ist sie da. Wollen Sie sie nicht doch wenigstens ausprobieren? Es ist ein sehr gutes und preisgünstiges Modell." Doch

Herr Siebert lehnt den Vorschlag brüsk ab: „Das ist mir ziemlich egal, wie toll Ihr Modell ist, denn sie ist nicht hier. Sie sollte ein Geschenk für eine Hochzeit sein, aber die war bereits gestern. Also stornieren Sie die Lieferung sofort." Herr Fuhrmann: „Leider nützt es nichts, wenn ich jetzt storniere, da die Lieferung schon auf dem Weg zu Ihnen ist. Aber ich biete Ihnen an, das Paket sofort wieder bei Ihnen abholen zu lassen. Könnten Sie mich bitte noch einmal anrufen, wenn das Paket eingetroffen ist?" Darauf lässt sich Herr Siebert nicht ein: „Jetzt soll ich noch ein zweites Mal bei Ihnen anrufen? Nur weil Sie es nicht schaffen, das Paket vorher abzufangen? Das kann nicht Ihr Ernst sein." Herr Fuhrmann spürt deutlich die wachsende Aggression des Kunden. Er kann gut nachvollziehen, dass dieser von der umständlichen Vorgehensweise nicht angetan ist: „Ich verstehe Ihren Ärger, Herr Siebert. Das normale Vorgehen ist wirklich sehr umständlich. Vielleicht finde ich noch eine bessere Lösung. Kann ich Sie gleich zurückrufen?" Herr Fuhrmann bittet den Paketdienst, das Paket nicht auszuliefern. Doch leider scheitern seine Bemühungen, der Paketdienst ist dafür nicht flexibel genug. Daraufhin ruft er sofort seinen Kunden zurück und bedauert, keine bessere Lösung gefunden zu haben. Zum Ausgleich für den entstandenen Ärger bietet er ihm einen Gutschein an.

Noch am selben Tag schickt er ein Entschuldigungsschreiben plus Gutschein an Herrn Siebert. Als dieser den Brief bereits einen Tag später öffnet, ist er von der Reaktion des Sachbearbeiters sehr angetan. Zwar ärgert er sich immer noch über das fehlende Geschenk, aber er freut sich über die Bereitschaft zu helfen.

Konfliktanalyse

- Konfliktanlass: Der Wunsch des Kunden stößt auf Grenzen

Der Kunde Herr Siebert möchte verhindern, dass die Espressomaschine zu ihm nach Hause geliefert wird. Er will keine weiteren Umstände mehr mit dieser unglücklich verlaufenen Bestellaktion haben. Doch leider kann Herr Fuhrmann die Anlieferung der Maschine trotz aller

Bemühungen und allem Verständnis für den Kunden nicht verhindern. Damit vergrößert sich der bereits bestehende Konflikt noch mehr.

- Die Ursache hinterfragen

Der Kunde fühlt sich schon vor dem Gespräch mit Herrn Fuhrmann nicht ausreichend vom Unternehmen wertgeschätzt. Niemand hat ihn über die längere Lieferzeit informiert. Sein Grundbedürfnis ist nicht erfüllt.

Auch das Bedürfnis nach Selbstbestimmung ist verletzt. Herr Siebert kann nur warten. Warten auf die Lieferung des Paketes, auf die Weiterleitung an den zuständigen Reklamationssachbearbeiter und zum Schluss warten auf dessen Reaktion. Er hat als Kunde kaum Möglichkeiten, auf das Ergebnis Einfluss zu nehmen. Er fühlt sich, als sei er dem Willen und Handeln des Unternehmens ausgeliefert. Dies ist ihm unangenehm und er lehnt sich dagegen auf. Er will selbst entscheiden, sich nicht fremdbestimmen lassen. Daher erscheint Herr Siebert auch so wenig kooperativ. So will er unter allen Umständen die Bestellung stornieren. Wenn er schon nicht beeinflussen kann, wann sie kommt, so macht er doch wenigstens von seiner Entscheidungsfreiheit Gebrauch, sie wieder abzubestellen. Auch sein Unwille, das Paket erst anzunehmen und dann wieder abholen zu lassen, resultiert aus seinem Bedürfnis nach Selbstbestimmung. Er will sich nicht mit der vorgegebenen Lösung abfinden, er will selbst bestimmen, wie es weitergeht.

Konfliktlösung

- Positive Einstellung schaffen

Herr Fuhrmann lebt eine positive Einstellung zu seiner Arbeit und sieht jeden Anruf als Herausforderung an. Damit vermeidet er Stress und Ärger, die ihn unnötige Kraft und Energie kosten und einer freundlichen Reklamationsbehandlung im Wege stehen würden. Vor jedem Gespräch konzentriert sich Herr Fuhrmann für einen kurzen Moment, atmet tief durch, so dass sein Gehirn mit ausreichend viel Sauerstoff versorgt ist und nimmt dann das Gespräch mit dem Kunden auf. Auf seinen Schreibtisch hat er ganz bewusst ein Foto seines Sohnes gestellt. Der Anblick dieses Bildes lässt ihn innerlich ruhig werden, insbesondere, wenn er wieder einen schwierigen und aufgebrachten Kunden am Telefon hatte. So ist es für ihn fast zu einem Ritual geworden, sich vor jedem Anruf positiv einzustimmen, indem er tief durchatmet und das Bild kurz betrachtet. Und in der Regel funktioniert es.

Mit Angriffen gekonnt umgehen

Herr Fuhrmann wendet in diesem Beispiel erfolgreich die Deeskalationsstrategie an. So kann er mit den Angriffen und Provokationen des Kunden freundlich und lösungsorientiert umgehen:

- Er ignoriert den persönlichen Angriff von Herr Siebert: „Jetzt soll ich noch ein zweites Mal bei Ihnen anrufen? Nur weil Sie es nicht schaffen, das Paket vorher abzufangen? Das kann doch nicht Ihr Ernst sein." Stattdessen geht er auf dessen negative Emotionen ein und zeigt für den Ärger Verständnis. „Ich verstehe Ihren Ärger,...".
- Er präsentiert seinem Kunden aktiv eine Lösung: „Vielleicht finde ich noch eine bessere Lösung. Kann ich Sie gleich zurückrufen?" Als er dann für den Kunden nichts erreichen kann, ruft er sofort zurück und bietet ihm als Entschädigung – und als kleine Alternativlösung – einen Gutschein an.
- Er benutzt die respektvolle Sprache. So verwendet er Bitten anstelle von Forderungen: „Könnten Sie mich bitte noch einmal anrufen,..." anstatt „Sie müssen sich dann noch einmal melden." Herr Fuhrmann zeigt Verständnis und verzichtet auf Bewertung: „Ich verstehe Ihren Ärger ..." anstatt „Beruhigen Sie sich doch erst einmal."

▸ *siehe auch im Kapitel 5.2 den Abschnitt „Mit Angriffen gekonnt umgehen"*

- Kunden überraschen

Eine Sache ist Herrn Fuhrmann besonders gut gelungen. Er überrascht Herrn Siebert positiv, indem er sein Versprechen, einen Gutschein zuzuschicken, direkt in die Tat umsetzt. Zusätzlich entschuldigt er sich noch einmal schriftlich bei ihm. Dieser Aspekt ist sehr wichtig, gerade wenn die Reklamationsbearbeitung nicht reibungslos verlaufen ist. Es ist nie zu spät für eine respektvolle Geste, für eine ehrliche Entschuldigung und eine Entschädigung für die erlebten Umstände. Zwar setzt sich ein erster Eindruck besonders stark fest, aber der letzte Eindruck ist nicht weniger bedeutend. Er entscheidet letztendlich darüber, ob der Kunde Ihr Kunde bleibt oder nicht. So erhält Herr Siebert am Ende von Herr Fuhrmann genau das, was ihm am Anfang gefehlt hat – Wertschätzung und Respekt.

9.3 Der Kunde will sich nicht an die Regeln halten

Nicht jeder Kunde ist bereit, sich an die Regeln des Unternehmens zu halten. Dadurch entstehen immer wieder Konfliktfälle. Der Mitarbeiter muss sich zum einen gegenüber dem Kunden durchsetzen, damit die Regeln eingehalten werden, zum anderen will er den Kunden aber auch nicht verlieren. Wie kann der Mitarbeiter in einer solchen Situation richtig reagieren?

Fallbeispiel: Der Saunabesuch – aus der Sicht der Kundin

Lena ist zu einer ungewöhnlichen Geburtstagsfeier eingeladen: Geplant ist ein gemeinsamer Tag mit den Freundinnen in einer großen Saunalandschaft. Da Lena im sechsten Monat schwanger ist, möchte sie nicht saunieren, sondern lieber schwimmen und relaxen. Sie ruft bei der Sauna an, um zu fragen, ob sie dort auch nur schwimmen kann und erhält die Antwort, dass dies natürlich möglich sei. Am Tag der Feier wird die Gruppe von einer Empfangsdame kurz eingewiesen. Dabei wird auch erwähnt, dass im gesamten Bereich keine Badekleidung getragen werden darf, auch nicht im Schwimmbecken. Lena ist irritiert und fragt nach, ob sie nicht eine Ausnahme machen könnten, sie sei doch schließlich schwanger. Aber die Empfangsdame sagt, dass es keine Ausnahme gäbe, das müsse sie verstehen. Lena ist über diese Aussage sehr verärgert. Sie erklärt der Mitarbeiterin, dass sie extra vorher angerufen habe, um sich zu erkundigen, ob es auch die Möglichkeit gäbe, hier nur zu schwimmen. Mit keinem Wort sei sie darüber informiert worden, dass sie dazu keinen Badeanzug tragen dürfe. Die Empfangsdame bedauert dies, bleibt jedoch bei der Entscheidung und wünscht ihr und der Gruppe einen schönen Aufenthalt. Lena fühlt sich schlecht behandelt und unwohl. Sie beschließt, wieder nach Hause zu fahren.

Fallbeispiel: Der Saunabesuch – aus der Sicht der Angestellten

Heidi hat Wochenenddienst, aber das ist sie ja gewohnt. Das Telefon klingelt. Eine Kundin möchte wissen, ob man im Bad auch schwimmen kann. Sie erklärt der Anruferin, dass dies grundsätzlich möglich ist, es gäbe aber kein richtiges Schwimmerbecken, sondern ein in die Saunalandschaft integriertes Becken. Ein paar Stunden später steht die Anruferin mit weiteren Freundinnen vor ihr. Da die meisten von ihnen das erste Mal im Bad sind, gibt Heidi allen eine kurze Einweisung über die unterschiedlichen Saunen und erklärt einige Regeln. Als sie erwähnt, dass im gesamten Wellenessbereich keine Badekleidung erlaubt ist, stößt sie auf Widerstand. Das kennt Heidi bereits. Jedes Mal fragt sie sich dann, warum Menschen in die Sauna gehen, wenn sie Probleme damit haben, nackt zu sein. Eine der Frauen sagt, dass sie schwanger sei, nur schwimmen möchte und daher einen Badeanzug tragen will. Heidi betont, dass sie hier leider keine Ausnahme machen kann. Es ist ihr sehr unangenehm, als die Frau anfängt mit ihr über die Regeln zu diskutieren. Doch Heidi darf und will keine andere Entscheidung treffen. Die Regeln des Bades gelten für alle. Es tut ihr leid, dass sie damit die Kundin verärgert, aber was nicht geht, geht eben nicht.

Konfliktanalyse

- Konfliktanlass: Unterschiedliche Interessen

Hier besteht ein klassischer Interessenskonflikt: Helene vertritt die Interessen des Freizeitbades und möchte daher nicht, dass Lena mit Badekleidung in den Wellenessbereich geht. Sie ist dafür verantwortlich, dass die Regeln der Sauna eingehalten werden. Macht sie bei Lena eine Ausnahme, werden auch andere dies von ihr einfordern. Also sieht sie sich gezwungen, bei ihrer Entscheidung zu bleiben.

Auch Lena will ihre Interessen durchsetzen. Sie möchte an der Feier teilnehmen, aber nur mit Badekleidung. Es ist ihr unangenehm, sich mit ihrer sichtbaren Schwangerschaft ohne Kleidung unter fremden Menschen zu bewegen. Sie will mit ihren Freundinnen zusammen sein und Spaß haben. Die Interessen von Helene und Lena schließen sich gegenseitig aus. Dies führt zum Ausbruch des Konfliktes. Aufgrund dieser Unvereinbarkeit sieht die Empfangsdame auch keine Möglichkeit, wie sie ihrem Gast entgegen kommen kann.

- Die Ursache hinterfragen

Lenas Bedürfnis nach Wertschätzung ist nicht erfüllt. Die Empfangsdame geht nicht im Geringsten auf sie und ihre Wünsche ein. Sie bleibt nur stur bei ihren Regeln. Dabei sieht sich Lena durchaus als Sonderfall. Doch mit dieser Meinung steht sie wohl allein da. Die Mitarbeiterin der Sauna behandelt sie jedenfalls weder zuvorkommend noch verständnisvoll. Im Gegenteil: Lena hat das Gefühl, als würde sie mit ihrem Wunsch nur stören, weil sie sich nicht wie alle an die Regeln halten will. Das unerfüllte Bedürfnis nach Wertschätzung führt bei Lena zu großem Ärger und Unwohlsein. Hier will sie nicht mehr bleiben.

- Ich habe Recht

Das Geschehen ist einmal aus der Perspektive der Kundin und einmal aus der Sicht die der Empfangsdame beschrieben, um zu verdeutlichen, dass eine Situation von zwei Beteiligten völlig unterschiedlich wahrgenommen und bewertet werden kann. Darin liegt auch das besondere Konfliktpotenzial. Heidi und Lena betrachten das Ganze nur aus ihrer jeweiligen Sicht. Verständnis und Toleranz für den anderen fehlt.

Heidi sieht sich vollkommen im Recht. In der Saunalandschaft gibt es klare Regeln, für deren Einhaltung sie zuständig ist. Da hat sie keinen Spielraum für Ausnahmen. Zudem meint sie, wer sich mit den Regeln nicht anfreunden kann, der sollte nicht in die Sauna gehen. Für Lenas Situation kann sie kein Verständnis entwickeln.

Auch Lena fühlt sich im Recht und kann die Reaktion der Empfangsdame nicht nachvollziehen. Sie muss doch nicht unbedingt nackt schwimmen. Für den Saunabereich kann sie da ja noch nachvollziehen, aber man kann ihr doch nicht verweigern, im Schwimmbereich einen Badeanzug zu tragen. Sie lehnt sich gegen diese Regelung auf und versucht sich bei der Empfangsdame durchzusetzen. Doch die sitzt am längeren Hebel, bleibt bei ihrer Entscheidung und bietet ihr auch keine andere Lösung an.

‣ *siehe auch im Kapitel 1.1 den Abschnitt „Ich habe Recht!“*

Konfliktlösung

- Freundlich nein sagen

Heidi darf die Regeln der Sauna nicht außer Kraft setzen. Deshalb muss sie den Wunsch ihres Gastes ablehnen. Doch dies ist kein Grund, Lena vor den Kopf zu stoßen. Nein zu sagen, ohne Verständnis zu zeigen, ohne eine andere Lösung anzubieten, führt zur Eskalation des Konfliktes: Lena verlässt die Saunalandschaft. Dies nimmt Helene bewusst in Kauf. Doch es geht auch anders.

1. Schritt: Bedauern signalisieren und Interesse am Anderen zeigen
„Oh, Ihren Wunsch kann ich gut verstehen. Mir ist es bei meiner Schwangerschaft nicht anders gegangen. Es tut mir sehr leid …“

2. Schritt: Klares Nein formulieren
„… dass ich Ihnen den Aufenthalt im Badeanzug nicht gestatten kann.“
3. Schritt: Begründung geben
„Unsere Regeln lassen dies bedauerlicherweise nicht zu. Ich kann auch in Ihrer besonderen Situation leider keine Ausnahme machen, da ich sonst diese Regeln gegenüber den anderen Gästen nicht mehr aufrechthalten kann.“
4. Schritt: Alternative anbieten
„Aber was halten Sie davon, wenn Sie sich hier einen unserer Bademäntel ausleihen. Mit dem können Sie sich völlig frei auf unserem Gelände bewegen. Oder Sie binden sich ein Badetuch um. Damit können Sie auch unsere Kneipbecken begehen, ohne sich ganz ausziehen zu müssen. Was halten Sie davon, soll ich Ihnen einen Bademantel oder ein Badetuch holen?“

Mit Hilfe dieser Strategie schafft es Heidi, ihrer Kundin das Gefühl zu geben, dass sie voll und ganz verstanden wird. Durch das Angebot der Alternative zeigt Heidi Interesse an ihrem Gast und trägt den besonderen Ansprüchen Lenas Rechnung. Trotz Verständnis und Lösungsorientierung hält sich Heidi an die Regeln und setzt ihrem Gast Grenzen. Allerdings verzichtet sie darauf, Lena vor den Kopf zu stoßen. Mit diesem Nein wird Lena viel besser umgehen können und sich auch wesentlich willkommener fühlen.

▸ *siehe auch im Kapitel 3.2 den Abschnitt „Wenn Grenzen gezogen werden“*

10 Konflikte im privaten Umfeld

Konflikte im Alltag, sei es mit Freunden, Partnern oder den ‚lieben Nachbarn' kennen wir alle. Denn gerade im privaten Bereich spielen unsere Gefühle eine besondere Rolle und wir handeln oft deutlich impulsiver als in beruflichen Konfliktsituationen. Bei privaten Konflikten neigen wir dazu, diese zu verharmlosen oder zu verdrängen. Schließlich handelt es sich bei den Konfliktpartnern um Menschen, die wir gut kennen, die uns viel bedeuten oder mit denen wir ständig in Kontakt sind. Daher ist es gerade bei Konflikten im privaten Umfeld wichtig, seine Emotionen zu kontrollieren, seine Bedürfnisse und die des Partners zu beachten und diesen entsprechend zu begegnen.

10.1 Konflikt mit dem Nachbarn

Wenn Sie nicht gerade auf dem Land leben oder weit und breit kein Mensch um Sie herum wohnen sollte, haben Sie bestimmt selbst schon Konfliktsituationen mit Nachbarn erlebt. Das liegt daran, dass wir uns unsere Nachbarn nicht aussuchen können, aber einen wichtigen Bereich mit ihnen teilen: unseren Lebensraum. Es kommt oft zu Konflikten, weil wir uns durch den Nachbarn in unserer Privatsphäre gestört fühlen. Oder wir sehen unsere Lebensqualität durch das nachbarliche Verhalten eingeschränkt. Manchmal entstehen Konflikte einfach nur dadurch, dass wir sehr unterschiedlich leben. Bei einem Streit wegen zu lauter Musik fängt es an und hört bei Gerichtsverhandlungen wegen eines falsch gesetzten Gartenzauns auf.

Fallbeispiel: Das herrenlose Fahrrad

Mehrere Parteien eines Miethauses bringen bei Frühlingsbeginn gemeinsam den Innenhof auf Vordermann. Dabei findet sich ein scheinbar herrenloses Hollandrad. Der Medizinstudent Daniel freut sich über den Fund, da sein Fahrrad gerade geklaut wurde und benutzt es hin und wieder. Frau Lurch, eine Nachbarin aus dem zweiten Stock, beobachtet argwöhnisch Daniels regelmäßige Nutzung dieses Fahrrads und stellt ihn bei einer zufälligen Begegnung im Treppenhaus zur Rede: „Das Fahrrad gehört doch gar nicht Ihnen. Lassen Sie es mal schön im Hof stehen. Ich nehme es mir doch auch nicht einfach, nur weil wir gerade nicht wissen, wem es gehört. Wenn man das mit allen Dingen machen würde, wo kämen wir denn da hin?" Daniel will sich von dieser Frau gar nichts sagen lassen: „Frau Lurch. Kümmern Sie sich doch einfach um Ihre eigenen Sachen. Es ist ja ebenso wenig Ihr Fahrrad, oder?" Frau Lurch wird nun ebenso massiv: „Ich werde nicht dabei zusehen, wie Sie dieses Fahrrad stehlen." Daniel zuckt mit den Schultern und lässt Frau Lurch stehen.

Konfliktanalyse

- Konfliktanlass: Unterschiedliche Meinungen und Interessen

In diesem Beispiel treffen zum einen die unterschiedlichen Meinungen, zum anderen die verschiedenen Interessen aufeinander. So ist Daniel der Meinung, dass er das herrenlose Fahrrad durchaus nutzen kann. Schließlich gehört es ja keinem. Dagegen beharrt Frau Lurch darauf, dass das Fahrrad nicht benutzt werden darf. Nur weil niemand den Besitzer kennt, heißt das noch lange nicht, dass das Fahrrad keinen Eigentümer hat.

Auch die Interessen sind gegensätzlich. Daniel kommt die Nutzung des Fahrrades gerade sehr gelegen. Er hat im Moment kein eigenes mehr und benötigt einen fahrbaren Untersatz für den Weg zur Universität. Frau Lurch vertritt ganz andere Interessen. Als selbst ernannte Aufpasserin achtet sie darauf, dass im Haus alles in Ordnung ist. Daher kann sie es nicht gutheißen, wenn Daniel ungefragt und ohne Bedenken ein fremdes Fahrrad aus dem Haus nutzt.

- Die Wertvorstellungen sind unterschiedlich

Beide haben unterschiedliche Wertvorstellungen verinnerlicht, die hier aufeinanderprallen. So ist es für Frau Lurch ganz selbstverständlich, dass alles immer geregelt sein muss. Entweder ist ein Verhalten falsch oder es ist richtig. Mittelwege kennt sie nicht. Nach ihrer Wertvorstellung ist es falsch, dass Daniel das herrenlose Fahrrad benutzt. Denn dies stellt eine Grauzone dar, die es für Frau Lurch nicht geben darf. Sie denkt in schwarz-weiß: Wenn Daniel das Fahrrad gehören würde, dann dürfte er es nutzen. Hätte Daniel die Erlaubnis vom Besitzer, dürfte er es ebenso nutzen. Da das Fahrrad Daniel aber nicht gehört und er auch den Besitzer nicht kennt, demnach nicht die Erlaubnis hat, das Fahrrad zu benutzen, ist sein Verhalten falsch.

Daniel dagegen ist von anderen Wertvorstellungen und Normen geprägt. Er kennt deutlich mehr Grauzonen als seine Nachbarin. Für ihn gibt es nicht nur falsch oder richtig. Daher kann er auch das Fahrrad benutzen, ohne dass es ihm unrecht vorkommt. Dafür kollidiert das Verhalten seiner Nachbarin mit seinen Wertvorstellungen. Er selbst hält es für gut, andere gewähren zu lassen. Seiner Überzeugung nach schafft zu viel Einmischung nur Ärger und bedeutet eine Unsitte. Daher hat er mit dem einmischenden Verhalten von Frau Lurch große Schwierigkeiten. Er bringt ihr wenig Verständnis entgegen. Schon aus diesem Grund kann er nicht gut mit ihr in solchen Situationen umgehen.

- Die Ursache bestimmen

Weder Daniels Bedürfnis nach Wertschätzung noch das nach Selbstbestimmung ist erfüllt. Als ihn Frau Lurch wegen der Fahrradnutzung kritisiert, fühlt er sich von ihr – wie ein kleiner Junge – gemaßregelt. Die Begleiterscheinung ist Ärger und Wut. Daniel reagiert trotzig wie ein Kind, das sich wehrt: „Kümmern Sie sich doch einfach um Ihre eigenen Sachen. Es ist ja ebenso wenig Ihr Fahrrad, oder?“ Was seine Selbstbestimmung angeht, so stört es ihn, wenn seine Nachbarin sich in seine Angelegenheiten einmischt. Er will sich von ihr nicht sagen lassen, was er tun darf und was nicht. Aus diesem Grund steigt großer Unmut in ihm auf und er reagiert wenig höflich.

Auch Frau Lurch hat das Bedürfnis nach Respekt und Wertschätzung. Als Daniel sich ihr gegenüber nicht respektvoll verhält, kommen negative Gefühle in ihr hoch. Sie droht ihm und beschuldigt ihn als Dieb.

Konfliktlösung

- Die Ursachen vor Augen haben

Wenn Daniel an einem besseren Umgang mit seiner Nachbarin gelegen ist, und er den jetzigen Konflikt lösen möchte, sollte er sich die Konfliktursachen vor Augen führen. Sein Bedürfnis ist, seine Entscheidungen selbst zu bestimmen und von Frau Lurch wertschätzend behandelt zu werden. Ihr Bedürfnis ist, von Daniel respektvoll behandelt und ernst genommen zu werden. Mit diesem Wissen sollte er die Gespräche mit seiner Nachbarin führen.

- Den anderen können wir nicht ändern

Bei diesem Gespräch ist es wichtig, dass er ihr vermittelt, sie als Mensch zu respektieren. Egal, wie unhöflich er sich ihr gegenüber verhält, sie wird deswegen ihr Verhalten nicht ändern. Daher ist es sinnlos, den Konflikt durch Unhöflichkeiten noch weiter eskalieren zu lassen. Stattdessen sollte sich Daniel bewusst machen, dass sie die Dinge unterschiedlich wahrnehmen und bewerten – jetzt und zukünftig. Wenn Daniel das Verhalten der Nachbarin nicht ändern kann, so kann er doch sein Verhalten ihr gegenüber verändern. Dies erhöht am ehesten die Wahrscheinlichkeit miteinander auszukommen.

- Mit ihren Provokationen positiv umgehen

Damit sich die Nachbarin nicht direkt von ihm angegriffen fühlt, ist es hilfreich, wenn Daniel im Umgang mit ihr besonders auf die respektvolle Sprache achtet und im Fall einer Provokation die Deeskalationstechnik anwendet. Das Gespräch wäre dann vielleicht so verlaufen:

Frau Lurch greift ihn an: „Das Fahrrad gehört doch gar nicht Ihnen. Lassen Sie es mal schön im Hof stehen. Ich nehme es mir doch auch nicht einfach, nur weil wir gerade nicht wissen, wem es gehört. Wenn man das mit allen Dingen machen würde, wo kämen wir denn da hin?“ Daniel geht auf Frau Lurch ein, überhört aber ihre Provokationen: „Ich merke, Sie machen sich große Sorgen darüber, ob es richtig ist, dass ich das Fahrrad hier einfach so benutze. Das kann ich gut verstehen.“ Danach bietet er ihr eine Lösung des Problems an: „Was halten Sie davon, wenn ich versuche, den Besitzer ausfindig zu machen? Ich hänge im Hausflur einen Zettel mit dem Hinweis auf, dass wir hier ein herrenloses Fahrrad gefunden haben. Vielleicht meldet sich ja noch der Besitzer. Wenn keiner reagiert, dann würde ich das Fahrrad gern benutzen. Können Sie sich diese Lösung vorstellen?“

▸ *siehe auch im Kapitel 5.2 den Abschnitt „Mit Angriffen gekonnt umgehen“*

10.2 Mein Partner hat ganz andere Interessen

Das Urthema von Beziehungskonflikten ist die Unvereinbarkeit von unterschiedlichen Bedürfnissen. So tragen wir alle die Erwartung in uns: Befriedige mein Bedürfnis, erfülle meinen Wunsch, gib mir Recht, erfülle deine Pflicht! Leider werden unsere Ansprüche und Wünsche von unseren Partnern nicht immer erfüllt. Dies verletzt uns vor allem dann, wenn sie uns besonderes wichtig sind. Das Erlebnis, etwas nicht zu erhalten, das man gern möchte, oder etwas tun zu müssen, das man nicht will, verursacht Frustration und Ärger.

Wo starke Gefühle im Spiel sind, sind Angriffe, Streitereien und Machtgerangel nicht weit. Es gibt Beziehungen, in denen Konflikte laut und heftig ausgetragen werden und andere, in denen Konflikte ausschließlich verdeckt stattfinden. Bei verdeckten Konflikten zwischen

Partnern werden diese nicht offen angesprochen und bleiben deshalb bestehen.

Fallbeispiel: Ich will nur meine Ruhe

Max und Maria streiten sich schon wieder, wie fast jedes Wochenende. Max: „Och, Maria, jetzt sei doch nicht schon wieder so langweilig. Lass uns bei dem tollen Wetter mit Jan und Freddi klettern fahren.“ Maria: „Ich habe aber keine Lust. Ich finde es ziemlich unspannend, an so einem Berg zu hängen. Aber das ist dir natürlich mal wieder egal. Hauptsache du musst nicht mit mir allein zu Hause sein. Das ist ja anscheinend so schrecklich für dich.“

Maria arbeitet sehr viel und wünscht sich am Wochenende nur eines: Ruhe, Ruhe und nochmals Ruhe. Sie liegt dann am liebsten den halben Tag im Bett, liest die Zeitung rauf und runter und kocht abends gern. Max arbeitet genauso hart wie Maria, aber er braucht am Wochenende als Ausgleich viel Aktion. Er möchte an den zwei Tagen am liebsten nur unterwegs sein, seine Freunde treffen, für die er in der Woche keine Zeit hat, ins Kino gehen, eine Ausstellung besuchen oder in die nah gelegenen Berge zum Klettern fahren. Hauptsache, er ist in Bewegung nach der langen Woche im Büro. Das Ende vom Lied ist auch wie immer: Max fährt ohne Maria weg und sie liegt frustriert zu Hause auf dem Sofa und denkt: „Warum sind wir eigentlich noch zusammen?“

Konfliktanalyse

- Konfliktanlass: Unterschiedliche Interessen

Zwischen Maria und Max kommt es immer wieder zum Konflikt, weil ihre Interessen scheinbar nicht miteinander zu vereinbaren sind. Auslöser für ihren Konflikt sind die unterschiedlichen Interessen am Wochenende. Sie möchte ihre wenige Freizeit gern mit ruhigen, entspannenden Dingen verbringen. Er dagegen legt Wert auf eine aktive Freizeitgestaltung. Beide Interessen prallen aufeinander. Maria und Max haben bislang keine Lösung gefunden, die beiden gerecht werden könnte und mit deren Hilfe sie in der Lage wären, ihre Freizeit miteinander zu verbringen. Eine schwierige Situation, weil wir doch gerade in einer Beziehung unsere Interessen miteinander teilen wollen.

- Konfliktverlauf

Maria und Max gehen mit ihrem Konflikt durchaus offen um. Aber sie tun es auf eine wenig wertschätzende Art und Weise: Sie machen sich gegenseitig Vorwürfe und verallgemeinern das Verhalten des anderen. Die kurzfristige Lösung lautet immer öfter: Jeder macht das, was ihm mehr zusagt. So verbringen sie immer weniger Wochenenden gemeinsam. Maria stört dies mehr als ihren Freund. Sie zweifelt im Stillen an ihrer Beziehung. Es ist nur noch eine Frage der Zeit, bis einer der beiden aussteigt, weil der individuelle Leidensdruck stärker ist als die positiven Gefühle füreinander.

- Die Ursache hinterfragen

Maria setzt hohe Erwartungen in Max: „Mach mich glücklich" – diese Erwartung ist auch in vielen anderen Köpfen verankert. Der Grund dafür liegt in ihrem Bedürfnis nach Anerkennung. Ihr Selbstwertgefühl braucht positive Resonanz von außen. Fehlt diese, fühlt sie sich unsicher und unwohl. Sie sucht einen Schuldigen: ihren Partner.

Konfliktlösung

- Verantwortung übernehmen

Unser Glück liegt allein in unseren eigenen Händen. Oder anders gesagt: Wir leben sehr viel besser, wenn wir nicht von anderen erwarten, dass sie für unser Glück oder Unglück zuständig sind. Das macht uns nur passiv und abhängig. Es ist wichtig, dass Maria nicht einfach Max die Schuld am Konflikt gibt, sondern selbst die Verantwortung dafür übernimmt. In diesem Fall ist es hilfreich, dass Maria sich der Ursache des Konfliktes bewusst wird: Mein Bedürfnis nach Anerkennung ist nicht erfüllt. Und nicht: Er ist dafür zuständig, mein Bedürfnis nach Anerkennung zu erfüllen.

- Positiv denken

Maria ist ständig enttäuscht, weil ihre Interessen und Erwartungen unerfüllt bleiben. Mit diesem Gefühl lässt sich schwer eine Lösung finden. Wenn sie sich bewusst macht, was sie an Max liebt, was sie an der Beziehung schön findet und darüber auch offen spricht, denkt sie nicht immer daran, wie schwer sie es mit Max hat. Dann stellt sie positive Gedanken und Gefühle in den Mittelpunkt und reduziert damit ihren Ärger und Frust.

- Verzicht auf destruktive Sprache

Maria und Max kommunizieren mit gegenseitigen Vorwürfen, Kritik, Verallgemeinerungen und Interpretationen: „Jetzt sei doch nicht schon wieder so langweilig", „Aber das ist dir natürlich mal wieder egal", „Hauptsache, du musst nicht mit mir allein zu Hause sein. Das ist ja anscheinend so schrecklich für dich." Diese Sätze rutschen beiden vor lauter Ärger schnell heraus. Jedoch erreichen sie das genaue Gegenteil von dem, was sie eigentlich damit bezwecken wollen. Sagt Max: „Jetzt sei doch nicht schon wieder so langweilig", will er von Maria, dass sie aufspringt und ihm zeigt, was alles an Energie und Lebensfreude in ihr steckt. Aber diese Reaktion ist kaum zu erwarten. Maria wird sich angegriffen fühlen, ihr Bedürfnis nach Wertschätzung bleibt unerfüllt und so wird sie genau das Gegenteil von dem tun, was Max mit diesem Satz eigentlich erreichen wollte. Kein Wunder – diese Sätze provozieren nur und dienen nicht dem freundlichen Umgang miteinander.

▸ *siehe auch im Kapitel 5.2 den Abschnitt „Respektvolle Sprache"*

- Suche nach Gemeinsamkeiten

Maria und Max haben sich im Laufe ihrer Beziehung daran gewöhnt, immer auf ihre unterschiedlichen Interessen zu schauen und sich darüber zu streiten. Dabei ist es viel sinnvoller, Gemeinsamkeiten herauszustellen, wie: Wir lieben beide gutes Essen, wir legen beide Wert auf ein schönes Zuhause und interessieren uns beide für Kunst. So ergeben sich bereits erste Lösungsmöglichkeiten für ihren Konflikt. Ein perfektes Wochenende für beide könnte so aussehen: Gemeinsames Frühstück in der schönen Wohnung (Zweisamkeit), während Max dann etwas mit seinen Freunden unternimmt, genießt Maria die Ruhe und liest. Abends gehen sie gemeinsam Essen (Ausgehen) und sehen sich eventuell am Sonntag allein oder mit Freunden eine Ausstellung an. Voraussetzung für eine solche Lösung ist jedoch die Bereitschaft Verantwortung für die Erfüllung der eigenen Bedürfnisse zu übernehmen. Sobald wir den Partner dafür verantwortlich machen, sind Enttäuschungen vorprogrammiert.

10.3 Meine Erwartungen werden nicht erfüllt

Erwartungen, die unerfüllt bleiben, sorgen für negative Gefühle: Angst, Enttäuschung, Unzufriedenheit, Frust, Ärger, Wut oder Rachegefühle sind die Folge und führen damit zu Konfliktsituationen. Weihnachten ist zum Beispiel eine Zeit, in der es zu vielen Konflikten kommt, weil die Familienmitglieder unterschiedliche Erwartungen mit diesem Ereignis verknüpfen. Oft kommt es an den Feiertagen zu Nörgeleien, wenn nicht gar zum handfesten Streit. Die Probleme entstehen, weil unterschiedliche Erwartungen im Vorfeld nicht klar kommuniziert werden. Gerade bei solchen besonderen Familientagen ertappen wir uns dabei, Erwartungen zu haben, die gar nicht erfüllt werden können. Obwohl wir dies meist wissen, sind wir am Ende dennoch enttäuscht.

Bei unerfüllten Erwartungen ist es hilfreich, sich bewusst zu machen, um was es uns wirklich geht. Dann gilt es zu überprüfen, ob diese Erwartungen auch erfüllbar sind und was sie für den anderen bedeuten. Und ganz wichtig: Nicht schweigen, sondern reden.

Fallbeispiel: Chaos und kein Abendessen

Ruth steht in der Eingangstür ihrer Wohnung und schaut entgeistert auf das vor ihr liegende Durcheinander. Sie war vier Wochen in Kur gewesen und hat sich so auf zu Hause gefreut, auf ihren Mann und ihre beiden

Kinder. Aber anstelle ihrer Familie sieht sie nur Zeitungspapier auf dem Boden und nicht weggeräumte Schuhe. Ruth ist wahnsinnig enttäuscht und denkt: „Bin ich ihnen so egal? Können die sich nicht denken, dass ich mich freue, wenn alles aufgeräumt ist?“ Nach dem Eintreten in die Wohnung schöpft sie wieder Hoffnung: „Bestimmt haben sie sich in der Küche versteckt und überraschen mich mit einem leckeren Abendessen.“ Aber auch in der Küche keine Spur von ihrer Familie und der Kühlschrank zeigt gähnende Leere. Ruth setzt sich an den Küchentisch und heult richtig vor Wut und Enttäuschung. Sie erwartet ja gar nicht, dass ihr Mann sie mit einem großen Blumenstrauß empfängt oder sie am Bahnhof abholt. Sie möchte einfach ein wenig mehr Aufmerksamkeit. Als ihr Mann sie eine Stunde später freudig begrüßen will, hat sie sich noch kein bisschen beruhigt. Sie wartet darauf, dass er sich entschuldigt oder erklärt, warum die Wohnung so aussieht und warum er nicht da war, als sie kann. Aber nichts passiert. Die Kinder sind noch bei ihren Freunden und ihr Mann setzt sich vor den Fernseher. Ruth bleibt in der Küche sitzen und ist bitter enttäuscht.

Konfliktanalyse

- Unerfüllte Erwartungen

Kennen Sie solche Konfliktsituationen auch? Wir malen uns etwas ganz schön aus und sind frustriert, wenn es nicht genau so eintritt. Ruth hat sich bereits exakt vorgestellt, wie es sein wird, wenn sie wieder nach Hause kommt. Sie freut sich so sehr auf ihre Familie und wird dann nur enttäuscht. Sie geht davon aus, dass ihr Mann die gleichen Gedanken hat wie sie und glaubt, dass er genau weiß, was sie in diesem Moment wünscht und braucht. Leider ist diese Annahme falsch. Es passiert nämlich nichts. Ihre Kinder sind – wie immer – bei Freunden, ihr Mann verschwindet vor dem Fernseher.

- Flucht als Lösung

Als Ruth damit konfrontiert wird, dass sich ihr Mann anscheinend ganz anders verhält, als sie es erwartet hat, tut sie nichts. Sie bleibt stumm, zieht sich zurück, flüchtet. Sie meidet die Konfrontation und verhindert dadurch, dass der Konflikt gelöst werden kann. Ihr Mann denkt, es ist alles in Ordnung, aber für sie ist nichts in Ordnung. Der Konflikt wird garantiert an anderer Stelle wieder ausbrechen. Bis dahin läuft Ruth mit ihrem Ärger im Bauch herum.

- Die Ursache hinterfragen

Die Ursache des Konflikts liegt in Ruths unerfülltem Bedürfnis nach Wertschätzung. Sie sieht es als die Aufgabe ihrer Familie an, dieses Bedürfnis zu erfüllen. Dabei vergisst sie, dass sie für die Erfüllung ihrer Bedürfnisse selbst Verantwortung trägt. Das unbefriedigte Bedürfnis nach Wertschätzung führt zu großer Enttäuschung bei Ruth. Sie ist traurig und fühlt sich von ihrer Familie im Stich gelassen und austauschbar. Indem sie dem Verhalten ihrer Familie die Schuld an ihrem unerfüllten Bedürfnis gibt, schwindet auch ihre Selbstsicherheit, nehmen Traurigkeit und Selbstmitleid zu. Darüber vergisst sie, die Erfüllung ihrer Bedürfnisse selbst in die Hand zu nehmen. Sie wird passiv, abwartend und vom Verhalten der anderen abhängig.

Konfliktlösung

- Enttäuschung zugeben

Welche Erwartungen sie hat, weiß Ruth sehr genau. Sie ist sich auch sicher, dass diese nicht zu hoch geschraubt sind. Aber sie spricht nicht über ihre Erwartungen und Wünsche. Sie ist enttäuscht, behält diese Emotionen aber für sich. So sitzt sie allein und traurig in der Küche. Wenn Ruth ihre eigenen Erwartungen, Wünsche und Gefühle offen äußert, übernimmt sie gleichzeitig Verantwortung für die Erfüllung der eigenen Bedürfnisse. Dabei ist es sinnvoll, die eigenen Gefühle zu benennen, ohne ihre Familie anzuklagen. Nicht: „Ihr seid schuld, dass ich so traurig bin“, sondern: „Ich bin traurig, weil ich mir meine Ankunft hier anders vorgestellt habe. Deshalb wünsche mir von euch, dass wir jetzt gemeinsam meine Rückkehr feiern.“ Es gibt ein altes Sprichwort: „Nur sprechenden Menschen kann geholfen werden.“ Das gilt ganz besonders im Konfliktfall. Gerade im privaten Umfeld ist es wichtig, seine Gefühle und Erwartungen auszusprechen – und nicht zu erwarten, dass der Partner sie errät.

11 Konflikte mit mir selbst

Wenn wir einen Konflikt mit uns selbst haben, dann sprechen wir von einem inneren Konflikt. Dazu kommt es, wenn wir uns für die eine oder die andere Sache bewusst entscheiden müssen. Bei inneren Konflikten vernehmen wir unterschiedliche Stimmen, die unvereinbar erscheinen: Auf der einen Seite wollen wir nach einer anstrengenden Woche Erholung haben, auf der anderen Seite endlich unsere Freunde wieder sehen. Diese gegensätzlichen Wünsche und Ansprüche in uns lösen einen inneren Kampf aus. Dieser Kampf führt schnell zu negativen Gefühlen wie Anspannung, Stress, Verunsicherung oder Ärger über uns selbst.

Wie wir mit inneren Konflikten umgehen, ist stark geprägt von unserer Persönlichkeit. Sind Sie zum Beispiel perfektionistisch veranlagt, werden Sie oft mit sich um eine optimale Lösung ringen und sich ständig fragen, ob Sie diese schon erreicht haben. Oder sind Sie ein Mensch, der sich mit schnellen Entscheidungen schwer tut? Die Befürchtung, eine falsche Wahl zu treffen, führt dann ebenso zum inneren Konflikt.

Bei inneren Konflikten wird unser Denkvermögen ebenso wie bei zwischenmenschlichen Konflikten blockiert. Unser Körper stellt sich auf Flucht oder Angriff ein, wir handeln emotional und unsere Wahrnehmung ist eingeschränkt. Auch hier gilt es, wieder denk- und handlungsfähig zu werden, um den inneren Konflikt zu lösen.

11.1 Ich kann mich nicht entscheiden

Leider ist es eine Tatsache: Wir können nicht alles haben. Gerade wenn es darum geht, das Beste für uns auszuwählen, können wir uns oft nicht entscheiden.

Meine persönliche Lieblingssituation: Ich sitze im Restaurant und habe die Karte vor mir. Zwei Gerichte kommen in die engere Wahl. Doch ich kann mich nicht für eines entscheiden. Erst wenn die Bedienung kommt, um die Bestellung aufzunehmen, treffe ich spontan meine Wahl. Dabei bin ich mir dann aber immer noch nicht sicher, das richtige Gericht ausgewählt zu haben.

So bewegen wir uns oft im Kreis. Das Abwägen der Vor- und Nachteile verhilft uns bei Gleichstand nicht zu einer Entscheidung.

Fallbeispiel: Die vergessene Konferenz

Michaela hat mit ihrer Freundin Marlies Anfang des Jahres ein gemeinsames langes Wochenende an der See geplant. Sie haben bereits ein Haus direkt am Meer gebucht und freuen sich schon sehr auf diesen Kurzurlaub. Beide sind berufstätig und haben Kinder. Nun erfährt Michaela eine Woche vor der Abreise, dass kurzfristig eine Lehrerkonferenz genau an diesem Freitagnachmittag einberufen wurde, an dem sie mit Marlies in das lange Wochenende starten will. Unglücklicherweise hat sie schon bei der letzten Konferenz gefehlt, weil ihr Kind damals krank geworden ist. Ein weiteres Mal zu fehlen, bereitet ihr Gewissensbisse. Aber sie möchte auch den Urlaub mit Marlies nicht absagen. Erstens findet sie so kurzfristig bestimmt keinen Ersatz und zweitens werden die beiden wahrscheinlich wieder ein Jahr brauchen, um dies nachzuholen. Was also tun?

Konfliktanalyse

- Konfliktanlass: Entscheidung zwischen gleichwertigen Optionen

Michaela steckt in einem inneren Konflikt, da sie einerseits auf die Lehrerkonferenz gehen und gleichzeitig mit ihrer Freundin an die See fahren möchte. Auf den ersten Blick schließen sich diese beiden Möglichkeiten aus. Es kommt zu einem inneren Konflikt. Michaela gerät unter Druck: „Ich muss mich entscheiden: Entweder fahre ich mit Marlies ans Meer oder ich gehe zur Lehrerkonferenz."

- Konfliktverlauf

Michaela wägt ab: Welche Vor- und Nachteile gibt es, wenn sie sich für die eine oder die andere Möglichkeit entscheidet? Welche Konsequenzen bringen die jeweiligen Entscheidungen mit sich? Sie hat Angst, die falsche Entscheidung zu treffen und dadurch eskaliert der Konflikt in ihr. Sie fragt sich: „Wird es mir nicht unangenehm sein, wenn sich herausstellt, dass die Konferenz sehr wichtig war und ich stattdessen ans Meer gefahren bin? Aber ebenso kann es sein, dass ich eine tolle Zeit mit Marlies verpasse, obwohl meine Anwesenheit bei der Konferenz nicht wirklich erforderlich war."

Der innere Kampf in ihr führt zur Ausschüttung von Stresshormonen. Daraus resultieren Denkblockaden. Michaela ist nicht in der Lage, eine Entscheidung zu treffen.

Konfliktlösung

Ursachen für den inneren Konflikt wahrnehmen

Michaela macht sich bewusst, wieso sie einen inneren Konflikt verspürt. Sie hat eine Entscheidung zwischen zwei Möglichkeiten zu treffen, die einander ausschließen. Die Ursache für ihren inneren Kampf liegt in einem Gewissenskonflikt. Sie möchte zum einen die Zusage einhalten, mit der Freundin ans Meer zu fahren. Zum anderen fühlt sie sich in der Pflicht, an der Lehrerkonferenz teilzunehmen. Beide Wertvorstellungen – Versprechen einhalten und ihr Pflichtbewusstsein – führen zum Gewissenskonflikt.

- Probeentscheidung: Was wäre wenn?

Es gilt also, zunächst für sich selbst zu klären, welchen Stimmen man folgen möchte, ohne die anderen dabei zu ignorieren. Welche von beiden Möglichkeiten ist ihr wichtiger? Was möchte sie wirklich und was ist sie bereit dafür zu opfern?

Kinder spielen oft das Spiel: „Wie wird es sein, wenn ich mal groß bin?" Dabei nutzen sie ihre gesamte Fantasie und ihr Vorstellungsvermögen, um ein Bild von ihrer Zukunft als Erwachsene zu bekommen.

Bei der Lösung innerer Konflikte hilft es, sich sehr intensiv vorzustellen, wie es wäre, wenn wir uns für die eine oder andere Sache entscheiden und dabei möglichst viele Faktoren beachten. Michaela kann sich fragen:

- Was werden meine Kollegen denken, wenn ich nicht zur Konferenz erscheine? Wie werden sie darauf reagieren?
- Was geht in mir vor, wenn ich nicht zur Konferenz gehe? Wie werde ich mich mit dieser Entscheidung fühlen?
- Wie werde ich mit der Reaktion meiner Kollegen umgehen?
- Was wird Marlies denken und fühlen, wenn ich mich entscheide, an der Konferenz teilzunehmen?
- Wie wird es sich anfühlen, zur Konferenz zu gehen, anstatt ans Meer zu fahren?

Damit testet sie jede Möglichkeit aus und bekommt wieder ein Gespür dafür, was sie eigentlich möchte.

Angesichts der beiden Szenarien wird Michaela klar, dass sie sich wohler bei dem Gedanken fühlt, zur Konferenz zu gehen. Das unangenehme Gefühl, ihre Pflicht zu verletzen, überwiegt. Sie spürt aber auch, dass sie deswegen nicht auf die Kurzreise verzichten möchte. Wie ist dieses Ziel nun zu erreichen?

Die Denkblockade hat verhindert, dass Michaela alternative Lösungen eingefallen sind. Sie plagte sie sich viel zu lange mit einer Entscheidung, ohne zu einem Ergebnis zu kommen. Mit Hilfe der Probeentscheidung hat Michaela aufgehört, sich wie ein Hamster im Rad zu drehen. Sie hat ihre Gedanken geordnet und kam wieder zur Ruhe. Ihre Denkblockade löste sich und sie konnte die vorhandenen Alternativen erkennen.

- Bewusst nach Alternativen suchen

Die Frage, wie Marlies wohl reagieren wird, wenn sie zur Konferenz geht, hat Michaela auf dem Weg zu einer Lösung einen großen Schritt weitergebracht: Wahrscheinlich wird sie es gut verstehen und ihr nicht böse sein. Sie wird ihr eventuell sogar anbieten, dann einfach einen Tag später loszufahren, es wären immer noch zwei Tage, besser als gar keine. „Und genau das ist die Lösung“, denkt sich Michaela. „Ich sage Marlies, dass leider kurzfristig eine Lehrerkonferenz einberufen wurde, zu der ich auch gehen muss und möchte. Aber dass mir die Reise trotzdem sehr wichtig ist. Ich frage sie, ob sie sich vorstellen könne, später zu fahren.“ Marlies hat, wie erwartet, nichts dagegen und so kann Michaela das scheinbar Gegensätzliche vereinen: Sie geht zur Konferenz und fährt mit ihrer Freundin ans Meer, nur etwas kürzer als geplant.

Die Lösung ist so einfach, dass Michaela sich am Ende fragt, warum sie sich im Vorfeld so viele Gedanken gemacht hat.

11.2 Ich finde keine Lösung

Kennen Sie das nicht auch? Sie stehen vor einer Entscheidung und eigentlich wollen sie weder das eine noch das andere. Sie suchen nach dem kleineren Übel, nicht nach der optimalen Lösung. Sie wollen nicht umziehen, aber in Ihrer jetzigen Wohnung wollen sie auch nicht bleiben. Sie haben keine Lust mehr auf die Routine in ihrer Arbeit, aber auf Stellensuche wollen Sie auch nicht gehen.

Fallbeispiel: Der ungesunde Lebenswandel

Alexander weiß, dass etwas passieren muss. Wenn er so weiter macht, endet er noch im Krankenhaus. Er arbeitet Tag und Nacht, bewegt sich nur zu seinem Auto und zurück in seine Wohnung und raucht fast ununterbrochen. Er lebt in einem andauernden Stresszustand.

Aber Alexander hat keine Ahnung, wo er anfangen soll, etwas zu ändern. Weniger arbeiten? Das geht gerade überhaupt nicht. Als Selbstständiger hat er schließlich die volle Verantwortung und die Zeiten sind wirklich nicht rosig. Da heißt es vollen Einsatz zeigen, sonst ist man schnell weg vom Fenster. Mehr Bewegung wäre notwendig, aber woher die Zeit nehmen bei der vielen Arbeit? Und mit dem Rauchen aufzuhö-

ren, dafür ist jetzt kein guter Zeitpunkt. Das wird er bei dem Stress im Moment nicht schaffen.

Immer wenn Alexander ein Herzstechen spürt, ihm schwarz vor Augen wird oder mal wieder beim Treppensteigen völlig aus der Puste ist, kreisen diese Fragen in seinem Kopf. Aber lösen kann er diesen Konflikt nicht. Alle Möglichkeiten erscheinen ihm momentan nicht umsetzbar. Also macht er weiter wie bisher.

Konfliktanalyse

- Konfliktanlass: Alles erscheint gleichermaßen unmöglich

Wie heißt es doch so schön? „In einem gesunden Körper steckt ein gesunder Geist." Dessen ist sich auch Alexander bewusst, aber er weiß nicht, wie er beides gleichzeitig erreichen kann. Er befindet sich in einem Konflikt, für den sich keine Lösung anbietet. Alle vorhandenen Möglichkeiten scheinen an der Realität zu scheitern: Er kann es sich nicht leisten, weniger zu arbeiten. Weil er so viel arbeiten muss, hat er keine Zeit und Kraft für eine gesunde Lebensführung, wie zum Beispiel das Rauchen einzustellen, gesund zu essen und für mehr Bewegung zu sorgen. Er fühlt sich in einem Teufelskreis gefangen.

- Die Ursache hinterfragen

Da ist zum einen sein Körper, der an seine Vernunft appelliert: „Du musst unbedingt deinen Lebensstil verändern, sonst wirst du ernsthaft krank". Dahinter steckt sein Bedürfnis, gesund und leistungsfähig zu sein. Die andere Stimme ruft nach Anerkennung und Erfolg. Um dies zu erreichen, muss er viel arbeiten – und hat dann keine Zeit oder Energie, Veränderungen seiner Lebensgewohnheiten vorzunehmen.

Konfliktlösung

- Konflikt erkennen: Konfliktsignale wahrnehmen

Alexander hat bereits eine wichtige Voraussetzung dafür geschaffen, dass er seinen inneren Konflikt lösen kann. Er nimmt seine körperlichen

Signale wahr und ist sich bewusst, dass er seinen Lebensstil verändern muss, hin zu einem gesünderen Leben. Dies ist seine sogenannte Vernunft-Stimme. Wenn er nur diese Stimme hören würde, hätte Alexander keinen Konflikt. Aber da gibt es noch eine zweite, die Beschwichtigungs-Stimme. Sie erklärt ihm, dass er als Selbstständiger viel arbeiten muss, um erfolgreich zu sein und er keine Zeit hat, kürzer zu treten oder etwas zu verändern. Die Stimme will ihn beruhigen: „Es werden auch wieder andere Zeiten kommen, bald. Und bis dahin wirst du schon durchhalten. Stell dich nicht so an!“

Beide Stimmen liegen miteinander von Zeit zu Zeit im Wettstreit. Wenn sie gleichzeitig sprechen, dann nimmt Alexander den inneren Konflikt wahr. Allerdings gibt es auch Phasen, in denen er keinen Konflikt bemerkt. Dies ist vor allem immer dann der Fall, wenn er sich gesund und halbwegs fit fühlt. Dann hat seine Beschwichtigungs-Stimme die Oberhand. Das bedeutet, er spürt den inneren Konflikt nicht tagtäglich. Allerdings wird der innere Kampf immer öfter ausgetragen, weil sein Körper zunehmend anfälliger wird.

- Angst abbauen durch Suggestion

Wichtig ist, dass Alexander versucht, wieder handlungsfähig zu werden und aus dem Teufelskreis auszusteigen. Dafür muss er sich von seinen negativen Gedanken verabschieden, die ihm vorgaukeln, dass es keine praktikable Lösung für seinen inneren Konflikt gibt. Die negativen Gedanken halten ihn in seiner Handlungsunfähigkeit gefangen: „Das schaffe ich doch sowie nicht“ oder „Ich habe keine Zeit mich sportlich zu betätigen“. Mit Hilfe von Selbstsuggestion ersetzt Alexander das Negative durch Positives. Er sagt sich ganz bewusst: „Ich kann das schaffen. Ich bin erfolgreich im Beruf, dann schaffe ich es auch, mit mir selbst erfolgreich umzugehen.“ Diese oder ähnliche Sätze sollte sich Alexander mindestens vier Mal am Tag sagen. Durch die häufige Wiederholung wird sein Vorhaben zur festen Überzeugung.

- Erfolge bewusst machen

Alexander schöpft Kraft, indem er sich bewusst macht, was er bereits alles geleistet und erreicht hat. Er sagt sich: „Wenn ich das meistern konnte, werde ich auch dieses Problem lösen.“ Er hat schon vieles in seinem Leben positiv verändern können. An diese Erfolge sollte er anknüpfen: „Was habe ich damals gemacht, um erfolgreich zu sein? Wie bin ich vorgegangen?“

- Bewusst nach Alternativen suchen

Nun kann sich Alexander motiviert und mit dem festen Vorhaben, etwas zu verändern, mit seinen Handlungsalternativen auseinandersetzen. Wenn er sich trotz aller Motivation und Entschlossenheit schwer damit tut, Lösungen zu finden, dann ist es an der Zeit, Hilfe eines Außenstehenden in Anspruch zu nehmen. Denn oft sehen wir selbst den Wald vor lauter Bäumen nicht. Sicherlich gibt es Möglichkeiten, die er noch gar nicht in Betracht gezogen hat. Ein guter Coach kann ihm helfen, seinen Weg selbst zu finden. Er begleitet ihn bei der Umsetzung und hilft ihm bei auftretenden Schwierigkeiten.

Wenn er sich entschließt, seinen Konflikt alleine anzugehen, dann hält er seine Gedanken am besten schriftlich fest. Auf diese Weise gehen keine Ideen verloren, er kann seine Einfälle in Ruhe ordnen und hat hinterher eine Aufstellung mit möglichen Alternativen vor sich liegen. Wichtig ist, dass Alexander beide Stimmen in sich zu Wort kommen lässt. Hört er nur der einen zu, wird er die Bedürfnisse der anderen missachten. Das hat dann zur Folge, dass die nicht gehörte Stimme bei nächster Gelegenheit wieder lauter werden wird. Diesen Fragen sollte Alexander nachgehen:

- Was möchte ich erreichen? Welche unterschiedlichen Ziele habe ich?
- Was hindert mich daran, meine Ziele zu erreichen?
- Was haben meine Ziele – trotz aller Unterschiede – gemeinsam?
- Was kann ich tun, um meine Ziele dennoch zu erreichen?
- Was muss ich beachten, damit die Lösungen auch realisierbar sind?
- Was bin ich bereit dafür zu geben und was nicht?

Alexander erhält eine bessere Vorstellung davon, was er wirklich will, und wie er es erreichen kann. Bei der Suche nach Lösungen wird ihm klar, dass seine beiden Stimmen ein gemeinsames Ziel haben: seinen Erfolg. Denn nur mit einer guten Gesundheit, kann er die Leistung bringen, die er braucht, um langfristig erfolgreich zu sein. Die beiden Stimmen kämpfen nicht mehr gegeneinander, sondern verfolgen das gleiche Ziel. Nun fällt es Alexander leichter, eine Lösung zu finden, da er nicht mehr den inneren Kampf auszufechten hat.

12 Das Trainingsprogramm: Freundlich Konflikte lösen lernen

Vielleicht haben Sie dieses Buch mit der Absicht gekauft, etwas Neues über Konfliktlösungen zu erfahren. Vielleicht haben Sie auch zusätzlich den Wunsch, Ihr Verhalten in Konflikten zu verändern.

Hier bietet sich Ihnen die Möglichkeit, selbst aktiv zu werden. Mit Hilfe des folgenden Trainingsprogramms lernen Sie Schritt für Schritt, Konflikte in Ihrem Alltag freundlich zu lösen. Sie übertragen die Inhalte des Buches auf Ihr eigenes Leben, auf Ihre ganz persönlichen Konfliktsituationen. Sie testen und erfahren, welche Strategien für die Lösung Ihrer Konflikte am besten geeignet sind und üben dann die Umsetzung.

Wie lernen wir, unser Verhalten zu verändern?

Wie wir uns in Konfliktsituationen verhalten, ist kein Zufall. Es sind unbewusste Programme und Verhaltensmuster, die wir im Laufe unseres Lebens entwickelt haben. Sie hängen ab von der eigenen Persönlichkeit, der Erziehung, der Entwicklung und den Erfahrungen. Wem es leichter fällt, Konflikte freundlich zu lösen, hat bereits Strategien entwickelt, die zu einem fairen und konstruktiven Umgang mit Konflikten beitragen. Diese Menschen beherrschen die Kunst, ihre Emotionen zu kontrollieren, ihre Wahrnehmung zu schärfen, den Konflikt aktiv zu steuern, die Beweggründe aller Beteiligten zu verstehen und zu berücksichtigen und eine Lösung anzustreben, die allen gerecht wird. Doch nicht jeder von uns hat diese Strategien zur Hand, kommt mit allen Konfliktsituationen gleichermaßen gut zurecht. Hier gilt es dazuzulernen, neue Strategien für sich zu entwickeln und umzusetzen.

„Der Mensch ist ein Gewohnheitstier“ lautet ein geflügeltes Wort . Es ist schwer, unsere Gewohnheiten über Bord zu werfen. Auch im Konfliktverhalten handeln wir nach alten Gewohnheiten. Dies lässt sich jedoch durchaus ändern, wenn Sie bereit sind, etwas Neues und

Ungewohntes auszuprobieren. Damit modifizieren Sie Ihr gewohntes und Ihr ‚normales' Verhalten. Genauso, wie Sie Autofahren oder Schwimmen lernen können, sind auch Konfliktlösungsstrategien erlernbar. Doch hier gilt: Übung macht den Meister.

Dazu ist es zunächst notwendig, Ihr eigenes Verhalten zu reflektieren. Werden Sie sich bewusst, wie Sie sich in bestimmten Situationen verhalten und warum Sie dies tun. Kennen Sie das auch? Ihr Partner kommt häufig viel zu spät. Sie nehmen sich immer wieder vor, sich nicht gleich darüber aufzuregen. Denn jedes Mal sind Sie so wütend, dass Sie sich noch ein paar Stunden später darüber ärgern. Doch heute werden Sie sich darüber nicht aufregen. Und was passiert dann? Sie tun es doch. Sie können einfach nicht anders, weil Sie Ihr eigenes Verhalten bereits eingeübt haben und es zu Ihrem normalen Verhalten geworden ist.

Wenn Sie Ihr gewohntes Verhalten verändern wollen, müssen Sie Ihr bisheriges Verhalten ‚verlernen', um dafür neues Verhalten zu ‚erlernen'. Das braucht vor allem Zeit und Ausdauer. Wer sein Konfliktverhalten verändern mochte, der sollte mit viel Geduld und realistischen Zielen vorgehen. Wenn Sie beispielsweise seit zwanzig Jahren Konflikten lieber aus dem Weg gegangen sind, werden Sie sich nicht innerhalb eines Monats zum aktiven Konflikt-Löser wandeln. Dennoch können Sie Schritt für Schritt Ihr Verhalten neu erlernen.

12.1 Aufbau des Trainingsprogramms

Dieses Trainingsprogramm für einen Zeitraum von vier Wochen unterstützt und erleichtert Ihnen die Umsetzung freundlicher Lösungsstrategien in Ihrem Alltag. Nutzen Sie es entsprechend Ihren individuellen Bedürfnisse und Fähigkeiten dazu, Ihre Konfliktfähigkeit zu erweitern.

Innerhalb von vier Wochen werden Sie in zwei Phasen lernen, Ihre Konflikte auf freundliche und konstruktive Weise zu lösen.

1. Phase: Sammeln und Auswerten – erste und zweite Woche

- Sammeln von verschiedenen Konfliktsituationen
- Auswertung der gesammelten Konfliktsituationen
- Passende Lösungsstrategien auswählen

In der ersten Phase liegt der Schwerpunkt auf der Analyse Ihrer Konfliktsituationen. Hier notieren Sie für jeweils eine Woche in eine Art Konflikttagebuch alle Begebenheiten, in denen es Ihnen, aus welchen Gründen auch immer, nicht gelungen ist, freundlich Konflikte zu lösen. Sei es, dass Sie sich passiv verhalten haben, geflüchtet sind, Konflikte verdrängt oder sich zu sehr geärgert haben und dadurch Ihr Gegenüber mit Schuldzuweisungen überschütteten. Sie beobachten Ihr eigenes Verhalten und lernen auf diese Weise Ihr ganz individuelles Konfliktverhalten kennen.

Am Ende jeder Woche werten Sie jeweils aus, auf welche Art und Weise Sie bisher Ihre Konflikte gelöst haben, was bereits gut funktioniert hat, was Sie ändern möchten.

Am Ende der ersten Phase, nachdem Sie Konfliktsituationen gesammelt haben und am Ende jeder Woche eine kleine Auswertung Ihrer Konflikte vorgenommen haben, suchen Sie sich nun die passenden Lösungsstrategien zu Ihren Konfliktsituationen aus. Wählen Sie dafür Situationen, in der Sie ein für Sie typisches Verhalten zeigen, das Sie gern ändern wollen.

2. Phase: Neue Strategien umsetzen – dritte und vierte Woche

- Lösungsstrategien im Alltag ausprobieren
- Erfolg kontrollieren: Was hat zum Erfolg geführt? Was kann ich noch verbessern?
- Selbstmotivation durch Belohnung

In der zweiten Phase setzen Sie Ihre Strategien in die Praxis um. Schreiben Sie Ihre Erfahrungen mit der Umsetzung in Ihr Konflikttagebuch und reflektieren Sie, was wirklich erfolgreich war und was Sie noch verbessern können. Fragen Sie sich dabei, was der Grund dafür sein könnte, dass es noch nicht zu einer freundlichen Konfliktlösung gekommen ist. Hatten Sie Ihre Gefühle nicht unter Kontrolle? Haben Sie die Ursachen des Konfliktes nicht beachtet? Konnten Sie sich nicht einigen? Es ist wirklich völlig normal, dass Sie zu diesem Zeitpunkt Misserfolge erleben werden. Aber denken Sie daran: Aus den eigenen Fehlern können wir am besten lernen.

12.2 Die erste Woche

1. Woche	
• Sammeln verschiedener Konfliktsituationen	• Auswertung der gesammelten Konfliktsituationen

Bevor Sie Ihr Verhalten ändern können, sollten Sie als ersten Schritt für sich feststellen, was Sie überhaupt verändern wollen und dieses schriftlich festhalten.

Tagebücher eignen sich hervorragend dafür, sich selbst besser kennen zu lernen und das eigene Verhalten schwarz auf weiß dokumentieren zu können. Tagebücher klären die Gedanken und geben ihnen eine gewisse Struktur. Wenn Sie innerhalb dieser ersten Woche auf einen Konflikt stoßen, notieren Sie ihn in Ihr Tagebuch. Dabei muss es sich nicht um große Konflikte handeln, auch die ganz kleinen eignen sich sehr gut für unser Trainingsprogramm. Versuchen Sie dann, so weit es Ihnen möglich ist, die nachfolgenden Fragen zu der erlebten Konfliktsituation zu beantworten.

Konflikttagebuch I

Datum: ________________

Situation, in der es mir schwer fiel, den Konflikt freundlich zu lösen.

___

___

___

Was war die Ursache für den Konflikt? Welches Grundbedürfnis von mir war nicht erfüllt?
(Wertschätzung/Anerkennung, Freiheit/Selbstbestimmung, Sicherheit/Existenzsicherung)

___

___

___

Was hat den Konflikt ausgelöst?
(unterschiedliche Meinungen, Interessen, Beziehungskonflikt, ungleiche Zielvorstellung, Streit um Verteilung, unvereinbare Rollen)

___

___

___

Wie weit ist der Konflikt eskaliert?

Wie habe ich mich im Konflikt spontan verhalten?
(Flucht/Verteidigung, Kampf/Gegenschlag, Verdrängung)

Was wollte ich mit meinem Verhalten erreichen?

Welches Bedürfnis meines Konfliktpartners war nicht erfüllt?

Wie hat er sich verhalten?

Gab es Gemeinsamkeiten?

Wie habe ich mit meinem Konfliktpartner kommuniziert?
(mit Respekt: Ich-Botschaften, Verständnis, Bitten ... oder provozierend: Kritik, Bewertungen, Verallgemeinerungen ...)

Konnten wir gemeinsam eine Lösung erzielen, die für uns beide zufrieden stellend war? Wenn ja, welche?

Wie habe ich mich gefühlt?
(z.B. ängstlich, wütend (auf mich/auf andere), gut, aggressiv, unsicher, unruhig, entspannt, unterlegen, überfordert, hilflos, überlegen, gekränkt, mutig, hilflos)

___

___

___

Wie waren meine körperlichen Reaktionen?
(Normal oder, z.B. Schwitzen, Herzklopfen, Bauchschmerzen, Zittern, trockener Mund, Atemprobleme, Stottern, Verkrampfen u.a.)

___

___

___

Was habe ich dabei gedacht?
(z.B. „Ich schaffe das nie, ruhig zu bleiben.", „Wenn ich den Konflikt anspreche, bekomme ich Schwierigkeiten.", „Ich bekomme den Mund nicht auf.", „Es ist doch gar nicht so wichtig".)

___

___

___

Auswertung der erlebten Konfliktsituationen

Schauen Sie sich zum Ende der ersten Woche Ihre Eintragungen im Tagebuch an und überprüfen Sie, wie Sie sich in der jeweiligen Situation verhalten haben. Wann haben Sie sehr emotional reagiert, wann haben Sie sich auf einen Kampf eingelassen und wann haben Sie sich für einen Rückzug entschieden? Versuchen Sie häufig wiederkehrende Verhaltensweisen zu erkennen. Werten Sie auch die Situationen aus, in denen es Ihnen leichter gefallen ist, einen Konflikt positiv aufzulösen. Überlegen Sie, welche Strategien zum Erfolg geführt haben.

Um einen systematischen Überblick zu erhalten, tragen Sie am besten die Ergebnisse aus Ihrem Konflikttagebuch in die nachfolgende Tabelle ein.

Tagebuchanalyse

Situationen				
Was wollte ich erreichen?				
Wie habe ich spontan reagiert?				
Wie haben wir miteinander kommuniziert?				
Sind wir zu einer gemeinsamen Lösung gekommen?				

12.3 Die zweite Woche

In der zweiten Trainingswoche wiederholen Sie das Programm der ersten Woche. Sammeln Sie weitere Konfliktsituationen in Ihrem Konflikttagebuch und analysieren Sie anschließend, wie Sie diese bewältigt haben. Es wird Ihnen nun mit Sicherheit leichter fallen, die Konfliktsituationen zu verstehen und Ihr Verhalten zu beschreiben.

Abschluss der ersten Phase

◆ Auswählen von passenden Lösungsmöglichkeiten	◆ Bewerten der Ideen ◆ Auswahl der besten Ansätze

Zum Abschluss der Analysephase entwickeln Sie Ihre ganz persönlichen Erfolgsstrategien im Umgang mit dem für Sie typischen Konfliktverhalten. Gehen Sie dazu nochmals Ihre gesammelten Konflikte durch. Können Sie Gemeinsamkeiten feststellen? Tendieren Sie in der Regel dazu, Konflikte zu vermeiden, anstatt sie offen anzusprechen? Oder gibt es ein Konfliktverhalten, das Sie besonders stört, das Sie gern verändern wollen?

Nehmen Sie sich ein bis zwei typische Konfliktsituationen aus Ihrem Konflikttagebuch vor und überlegen Sie, welche Strategie Sie einsetzen wollen, um diese besser und freundlicher zu lösen. Sie haben bereits eine Reihe von Lösungsmöglichkeiten kennen gelernt. So können Sie sich vornehmen, Ihre Konflikte schneller wahrzunehmen, sich weniger zu ärgern, respektvoller mit Ihrem Konfliktpartner zu sprechen oder sich bei sehr weit fortgeschrittenen Konflikten Hilfe von außen zu suchen. Wichtig ist, dass Sie offen sind für neue Wege und erkennen, an welchen Punkten Sie etwas verändern wollen.

Strategie entwickeln

Ausgewählte Situation		
Was wollte ich erreichen?		
Wie habe ich spontan reagiert?		
Wie haben wir miteinander kommuniziert?		
Sind wir zu einer gemeinsamen Lösung gekommen?		

Welche Strategien möchte ich in Zukunft nutzen? Was möchte ich anders machen?

12.4 Die dritte Woche

3. Woche	
◆ Die Lösungsstrategien im Alltag ausprobieren	◆ Den Erfolg kontrollieren ◆ Was hat zum Erfolg geführt? ◆ Was kann ich noch verbessern?

Nach der gründlichen Vorbereitung in der Konfliktanalysephase heißt der nächste Schritt, Ihre Pläne in die Tat umzusetzen. Um Ihre Erfolge festzuhalten und gegebenenfalls die eine oder andere Verhaltensweise zu korrigieren, führen Sie wieder Ihr Konflikttagebuch. In diesem zweiten Tagebuch halten Sie fest, in welchen Situationen Sie versucht haben, Konflikte freundlich zu lösen und wie Sie das Gelingen Ihrer Bemühungen einstufen. Zudem notieren Sie sich, welche Strategien Sie tatsächlich angewendet und welche Sie vielleicht noch spontan ergänzt haben.

Mit Hilfe dieses Protokolls halten Sie Ihre Erfolge schriftlich fest und können Ihr Verhalten ganz gezielt korrigieren. Kein Gedanke geht verloren, Sie behalten den Überblick und gewinnen zu eventuellen Misserfolgen mehr Abstand. Das ist besonders wichtig, wenn Sie anfangen, Ihre Ideen umzusetzen. Was Sie sich im Kopf ausgemalt haben, sieht dann leider manchmal in der Realität ganz anders aus.

Durchsetzungstagebuch II

Datum:__________

Situationen, in denen ich Konflikte hatte.

____

____

____

Was wollte ich mit meinem Verhalten erreichen?

____

____

____

Welche Strategien konnte ich einsetzen?

Für eine positive Basis: z. B. kooperative Einstellung, Konflikt wahrnehmen, Konfliktanlass und -verlauf bestimmen, Ursachen hinterfragen, Bekämpfung des eigenen Ärgers, sich der Angst vor Konflikten entgegenstellen

1. ______________________________

2. ______________________________

3. ______________________________

Für ein gutes Gespräch: z.B. Konflikt offen ansprechen, respektvolle Sprache, Umgang mit Angriffen, Verständnis zeigen, auf Bedürfnisse eingehen, Lösungen anbieten ...

4. ______________________________

5. ______________________________

6. ______________________________

Wie gut ist mir die freundliche Konfliktlösung gelungen?

1. Gar nicht 1----------2----------3----------4----------5 optimal
2. Gar nicht 1----------2----------3----------4----------5 optimal
3. Gar nicht 1----------2----------3----------4----------5 optimal
4. Gar nicht 1----------2----------3----------4----------5 optimal
5. Gar nicht 1----------2----------3----------4----------5 optimal
6. Gar nicht 1----------2----------3----------4----------5 optimal

Warum ist mir die freundliche Konfliktlösung nicht/gut gelungen?

____

____

____

Was möchte ich das nächste Mal anders oder besser machen?

____

____

____

12.5 Die vierte Woche

Versuchen Sie sich weiterhin für eine Woche in der praktischen Umsetzung Ihrer Strategien. Tragen Sie hier wie gewohnt Ihre Erfahrungen in das zweite Tagebuch ein.

Es kann Ihnen passieren, dass nicht alles so verläuft, wie Sie es sich vorgestellt haben. Vielleicht gibt es erste Rückschläge, mit denen Sie nicht gerechnet haben. Es ist alles andere als leicht, sich selbst zu verändern und die gewohnten Verhaltensweisen aufzugeben. Ihre bisherigen Strategien im Umgang mit Konflikten haben Sie auch nicht von heute auf morgen gelernt. Sie beruhen auf Ihren Werten, Erwartungen und Erfahrungen. Das alles wieder zu verlernen und dafür andere Strategien einzusetzen, braucht Ihre volle Konzentration. Auch Ihr Umfeld wird darauf reagieren, dass Sie sich verändern. Wenn Sie zum Beispiel plötzlich Konflikte offen angehen, wo Sie sich früher eher zurückgezogen haben, um die Harmonie nicht zu gefährden, werden Sie zunächst auf Irritation stoßen. Man ist es nicht gewohnt, dass Sie auf einmal nicht mehr alles hinnehmen, auch wenn Sie es auf freundliche Art und Weise tun.

Halten Sie sich Ihre Erfolge vor Augen, die Sie in nur vier Wochen bereits erreicht haben. Es wäre doch zu schade, wenn Sie jetzt einfach aufgeben. Schließlich wollen Sie Ihre Erfolgsspirale in Gang setzen. Aus diesem Grund ist die Selbstmotivation ein wichtiges Thema der vierten Woche.

12.6 Sich selbst motivieren

Sich motivieren bedeutet, seinem Ziel einen Sinn zu geben. Motivation ist wie ein Motor für unsere Antriebskräfte, der aber natürlich laufend Kraftstoff benötigt, um zu funktionieren. So genannte Motivatoren sind es, die den Motor am Laufen halten. Für den einen ist es schon ausreichend motivierend, wenn sich der erwünschte Erfolg einstellt. Der andere braucht noch etwas mehr, um sich weiter zu motivieren.

Sie haben bereits viel für Ihre Motivation getan, indem Sie sich selbst dazu entschlossen haben, Ihr Konfliktverhalten zu verändern. Sie haben es sich stets vor Augen gehalten und keine Anstrengungen gescheut, es zu erreichen. Sie können Ihre eigene Motivation noch steigern, wenn Sie sich neben dem reinen Erfolgserlebnis der Zielerreichung noch eine Belohnung in Aussicht stellen. Durch das Feiern bekommt Ihr Erfolg einen höheren Stellenwert. Genießen Sie es, wenn Sie Konflikte zur Zufriedenheit aller Beteiligten gelöst haben. So wird es Ihnen von Mal zu Mal leichter fallen, freundlich Konflikte zu lösen. Jedoch sollten Selbst-Belohnungen lediglich die innere Motivation unterstützen und nicht der alleinige Antrieb dafür sein.

Legen Sie Ihre Belohnungen für eine freundliche Konfliktlösung vorher klar und deutlich fest. Es kann ein Kinobesuch, ein leckeres Essen oder ein Entspannungswochenende sein. Wenn Ihnen die freundliche Konfliktlösung wirklich optimal gelungen ist, gönnen Sie sich etwas ganz Besonderes. Wenn Sie mit Ihrem Verhalten bereits ganz zufrieden sind, aber für sich selbst noch Steigerungsmöglichkeiten sehen, dann belohnen Sie sich etwas bescheidener. Es kann natürlich auch sein, dass Sie mit Ihrem Vorgehen nicht zufrieden sind. Halten Sie in solch einem Fall fest, was genau Ihnen nicht gelungen ist und was Sie anders machen können, um Ihr Ziel zu erreichen. Wichtig ist, dass Sie Ihre Erfolge registrieren und Rückfälle oder Fehler konstruktiv nutzen. Davon geht die Welt nicht unter. Akzeptieren Sie zunächst die Tatsache, dass Sie nicht perfekt sind und wie eine Maschine funktionieren. Sie haben Schwächen und schlechte Tage wie jeder andere auch. Nehmen Sie sich für das nächste Zusammentreffen mit Ihrem Kollegen vor, ehrlich zu sich und zu ihm zu sein und das Problem anzugehen. Geben Sie nicht auf, Sie können Ihr Ziel jeden Tag aufs Neue in Angriff nehmen. Das ist ja das Schöne daran.

Und auch hier gilt wieder: Wenn Sie Ihr Vorhaben schriftlich festhalten, ist die Verbindlichkeit größer. Beachten Sie, dass sich Ihre Motivatoren im Laufe der Zeit verändern. Also machen Sie sich von Zeit zu Zeit auch nach dem Trainingsprogramm erneut Gedanken über mögliche Belohnungen.

Eigenmotivation zum Vorhaben: „Ich löse Konflikte freundlich"

Vorhaben umgesetzt	Vorhaben (nicht ganz) umgesetzt
Belohnungen	Konsequenzen
1. ______________________	1. ______________________
2. ______________________	2. ______________________
3. ______________________	3. ______________________

Ich wünsche Ihnen viel, viel Erfolg mit der Kunst, freundlich Konflikte zu lösen.